성경 속 환경이야기

# 성경 속 환경이야기

지은이 | 손석일
초판 발행 | 2019. 6. 12
등록번호 | 제1988-000080호
등록된 곳 | 서울특별시 용산구 서빙고로65길 38
발행처 | 사단법인 두란노서원
영업부 | 2078-3352    FAX | 080-749-3705
출판부 | 2078-3331

책값은 뒤표지에 있습니다.
ISBN 978-89-531-3518-5   03230

독자의 의견을 기다립니다.
tpress@duranno.com   www.duranno.com

# 성경 속

환경공학도 목사가 들려주는

# 환경

# 이야기

손석일 지음

두란노

    손석일 목사는 미국에서 환경공학 박사로 학위를 마치고 교수의 길을 가기 위해 준비하던 중에 목회자로 부르심을 받았다. 그가 한 공부는 목회까지 녹아들고 이어져 그는 환경을 회복하고 사람을 회복하는 사역자로 귀하게 쓰임 받고 있다.

    그는 환경공학과 목회가 하나님의 피조물을 만드신 원래의 모습대로 회복시키는 것이라는 데서 비슷한 점이 있기 때문에 창조된 모습을 먼저 아는 것이 중요하다고 말한다. 그는 교육전도사 시절부터 환경 동화를 집필하며 하나님이 만드신 환경의 아름다움과 그 속에 담긴 하나님의 마음을 가르쳐 왔는데, 이러한 구체적인 노력들이 책에서 잘 소개되고 있다. 그가 들려주는 경험들은 환경 문제에 관심 있는 그리스도인들에게 큰 도전을 주는 동시에 환경에 대한 관심을 불러일으키기에 충분하다. 뿐만 아니라 각 장 끝의 '더 알아보기'는 독자들이 환경에 대한 상식과 개념을 잘 이해할 수 있도록 도와준다.

    그는 환경공학과 목회, 그리고 환경과 인간을 오가며 하나님의 방법을 따르도록 외친다. 또 하나님이 영적인 존재로 특별하게 만드신 인간을 놓치지 않는다. 이 책을 읽는 모든 이들이 하나님이 만드신 아름다운 환경을 회복하는 복의 통로가 될 것을 기대한다.

**임성빈** _____ 장로회신학대학교 총장

사람들의 기대를 모으며 8년 동안이나 미국 최고의 대학교에서 환경공학을 전공한 저자가 갑자기 목회자의 길을 걷게 된 것은 하나님의 섭리와 은혜가 아니고는 설명할 길이 없을 것입니다. 그에게 어떤 일이 있었을까? 늘 궁금했는데, 이 책을 통해서 저자를 더 깊이 이해할 수 있게 되었습니다.

1부에서 저자는 자신이 환경공학을 공부하였던 과정과 학위를 마치고 다시 신학을 공부하게 된 과정을 흥미롭게 서술하고 있습니다. 그러면서 '들킬수록 아름다운 그의 속마음과 신앙'을 평온한 필체로 드러내고 있습니다. 읽어 내려갈수록 따뜻하고 은혜롭습니다.

저는 저자를 처음 만났을 때의 기분 좋은 느낌을 지금도 기억하고 있습니다. 신학을 공부하던 힘든 시절이었음에도 그는 물이 흐르듯 활기차면서도 편안하고 모든 것이 잘 정돈되어 있었습니다. 마치 온전한 생명으로 가득 찬 듯 보였습니다. 저자는 그가 꿈꾸고 있던 '창조의 질서가 회복된 아름다운 피조세계'를 이미 그의 마음에 담고 있었습니다.

그러한 저자가 2~4부에서 전개하는 창조의 이야기는 매우 흥미롭고 또한 매력적입니다. 그의 깊은 신앙과 영성이 환경공학을 만나면서 분출되는 멋진 하나님의 창조이야기는 우리의 마음을 설레게 하기에 충분합니다. 저자는 하늘과 물과 땅, 그리고 동식물과 감각 등, 환경과 관련된 주제어들을 깊이 있게 다루면서 인간의 의미와 인간에게 주어진 사명을 사려 깊게 통찰하고 있습니다. 무엇보다도 환경 속에서 창조주이신 하나님의 마음을 발견하려는 저자의 노력은 우리에게 많은 감동을 줍니다.

여러 매체를 통해서 접할 수 있는 과학과 환경 용어들이 우리의 신앙과 어떤 관련이 있는지를 너무나도 명료하고 멋지게 알려 주는 이 책을 기쁜 마음으로 추천합니다.

김경진 _____ 소망교회 담임목사, 전 장로회신학대학교 실천신학교수

환경공학 박사인 손석일 목사님이 환경에 대한 글을 썼다고 해서 과학 상식이 가득한, 딱딱한 교재인 줄 알았습니다. 하지만 첫 페이지부터 손 목사님의 삶의 환경 속에 임하신 하나님에 대한 신앙고백을 접하고는 환경공학이라는 과학 용어가 결국 신앙 용어라는 것을 알게 되었습니다. 우리 삶에 임하신 하나님의 손길에 대한 믿음의 고백이라는 사실을 알게 된 것입니다. 그리고 "생육하고 번성하여 땅에 충만하라, 땅을 정복하라, 바다의 물고기와 하늘의 새와 땅에 움직이는 모든 생물을 다스리라"(창 1:28)는 하나님 말씀의 참뜻을 깨닫게 되었습니다.

이 깨달음 덕분에 저는 샌프란시스코신학교 총장을 역임한 도널드 맥컬로우(Donald McCullough)가 《모자람의 위안》(IVP 역간)에서 주장하려는 논지를 이해하게 됐습니다. 스스로의 한계를 부정한 채 삶을 온통 세상의 욕심으로 채우려는 것이 아닌, 하나님 앞에서 자신의 한계를 인정하며 처한 환경과 어떻게 더불어 살아갈 수 있는지를 깨달았습니다. 또한 우리의 환경에서 어떻게 하나님의 질서를 유지할 수 있는가에 대해 생각하게 되었습니다.

성경 속 환경이야기

이 책은 단순히 환경에 대한 책이 아닙니다. 이처럼 훌륭한 신앙서적이 또 있을까라는 생각을 하게 하는 좋은 책입니다. 책을 읽는 내내 그리스도인으로서 이 세상을 어떻게 살아야 하는지, 또 하나님의 뜻을 이루며 살아가는 그리스도인의 삶은 무엇인지를 분명하게 또 구체적으로 알게 될 것입니다.

더 나아가 자신의 삶을 풍성하게 하는 지혜도 얻게 될 것이라고 자신합니다. 하나님은 만드신 모든 것을 보시기에 참 좋다 하셨습니다(창1:10, 12, 18, 21, 25, 31). 완전할 수 없는 우리 각각이 한데 어우러져 하나님의 완전한 질서를 드러내는 것처럼, 우리의 한계를 조화로움으로 인식하여 하나님이 뜻하신 아름다움을 만들어야 하는 것은 아닐까요? 그래서 우리는 하나님의 창조의 미학에 참여하듯, 서로의 연약함을 인정하며 화해와 연합을 이루어야 합니다.

이 책은 이러한 지혜를 깨닫게 합니다. 다니엘 길버트(Daniel Guilbert)가 경고한 대로 "행복에 걸려 비틀거리게"(Stumbling on Happiness)되는 것이 아니라, 넉넉한 마음으로 한계를 누리며, 하나님을 전적으로 신뢰하는 믿음을 깨닫게 합니다. 이 책을 통해 우리의 환경이 얼마나 소중한 것인지, 또 하나님의 마음이 담긴 세상을 어떻게 살아야 하는지 분명하게 알게 될 것입니다. 귀한 책을 써 준 손 목사님께 깊이 감사드립니다.

이상억      장로회신학대학교 실천신학교수, 경건교육처장

그리스도인과 환경은 떼려야 뗄 수 없는 한 몸과도 같은 사이입니다. 하나님이 천지를 창조하시면서 하나님의 자녀인 우리에게 이 땅을 맡기셨기 때문입니다. 그러기에 하나님을 창조주로 믿는 그리스도인들은 하나님의 명령대로 창조의 세계를 보존하며 살아가야 합니다. 이것이 그리스도인들의 첫 임무이며 평생의 사명입니다. 온 땅에 흩어져 복음을 전하라는 것이 예수님의 지상명령이라면 창조의 세계를 다스리라는 것은 하나님의 첫 명령이기 때문입니다.

그러나 창조의 보존에 관한 노력은 교회 안에서 예배나 선교에 비해 너무나도 무관심했습니다. 특별히 한국 교회는 창조의 보존에 대한 공부나 실천 등에 관심을 갖지 않았을 뿐 아니라 오히려 선교라는 이름 하에 교회의 외적 성장을 위한 무리한 환경 파괴까지 서슴없이 일삼아 왔던 것이 사실입니다. 이제 교회는 창조의 세계를 다스리라는 명령과 복음을 전하라는 명령에 대한 균형을 맞춰야 합니다. 그리고 창조의 질서를 회복하는 것 자체가 곧 매우 중요한 선교라는 것을 인식하고 이를 가르치고 실천해야 합니다. 이 책이 한국 교회의 환경에 대한 부족한 생각을 일깨우는 데 사용되는 것을 넘어 선교에 대한 잘못된 방향을 바꿔 놓는 역할까지 하게 되기를 기대합니다.

**오대식** _____ 높은뜻연합선교회 대표, 높은뜻덕소교회 담임목사

지난 30여 년동안, 손석일 목사를 옆에서 지켜 보니 대학에서 전공한 공업화학, 환경공학과 함께 하나님의 창조의 역사를 증거하는 데 전념하고 있습니다.

이 책은 이러한 사역의 결과물입니다. 1부는 어떻게 환경공학 전공자가 하나님의 부르심을 받아 사역을 하게 되었는가에 대한 손석일 목사의 신앙고백입니다. 2부에서는 빛과 하늘과 물과 모든 세상을 창조하신 하나님과 하나님이 창조하신 환경이 오염되는 원인을 다루고, 3부에서는 동식물, 자원들에 관한 이야기를, 4부에서는 사람과, 친환경적 사명에 관한 이야기를 담았습니다. 각 부마다 창조의 하나님 말씀과, 하나님이 만드신 오묘한 세상의 모습, 그리고 오늘날의 오염된 환경의 모습들을 담은 이 책은 요즈음의 환경 문제를 하나님의 창조의 관점에서 조명한 소중한 책입니다. 이 책을 읽는 사람들이 하나님의 사랑을 깨닫기를 원하며 이 책을 적극 추천하는 바입니다.

**이영무** _____ 전 한양대학교 총장, 한양대학교 에너지공학과 교수

오래 고대했던 책이 드디어 나와서 기쁘고, 고맙고, 놀랍다. 생태환경 친화적 신앙을 손에 잡히고 눈에 보이게 소개한 독보적 책이다. 이제 한국 교회 목회 현장에 녹색 바람이 기분 좋게 불어올 것이다.

**양희송** _____ 청어람 ARMC 대표

세상 곳곳에 얼마나 많은 하나님의 사랑과 은혜가 숨어 있는지 모릅니다. 동식물이 서로 호흡하며 살아가는 모습과 비가 내리고 단풍이 지고 얼음이 어는 과정 속에는 하나님의 섬세하고도 세밀하신 손길과 마음이 가득 차 있습니다. 그러나 인류는 지금까지 이런 환경을 다스리고 가꾸기보다는 이용하고 취하는 것에 급급했습니다. 그 결과 우리는 아침마다 새소리보다 자동차의 경적을 먼저 듣고, 푸른 하늘보다는 미세먼지로 가득한 하늘을 먼저 봅니다. '환경'이라고 하면 푸른 산과 바다보다는 오염된 물과 쓰레기로 뒤덮인 바다를 떠올립니다. 그런 지금의 지구를 보며 창조자이신 하나님의 마음은 어떠실까요?

환경이라고 하면 오염이 아닌 하나님이 우리에게 선물로 주신 아름다움과 오묘함을 떠올려야 합니다. 그 은혜에 감사하는 것이 먼저여야 합니다. 하나님은 만물을 창조하실 때마다 '좋았더라'고 말씀하실 정도로 심히 기쁜 마음으로 완벽하게 만들어 주셨습니다. 환경을 통해 베풀어 주신 하나님의 은혜를 알게 되면, 그분의 마음과 사랑을 더 깊이 깨닫게 됩니다. 그런 다음에 현재 고통당하고 있는 환경의 모습들과 그로 인해 피해를 입고 있는 사람들과 동식물들, 그리고 모든 생태계를 바라본다면 하나님의 시각으로 환경과 환경 문제들을 바라볼 수 있게 될 것입니다. 예수님이 환경을 비유로 가르쳐 주신 많은 신앙의 진리들처럼, 우리는 이러한 환경을 통해서 더 깊은 신앙의 경지를 깨달을 수 있습니다.

사실 처음 하나님이 아브라함을 부르시듯이 저를 부르셨을 때는 왜 하필 공학박사학위를 다 받고 난 뒤여야 했는지 이해하지 못했습니다. 환경공학 분야에서 미국 최고의 입지를 자랑하는 스탠포드대학교에서 석사과정을 준비할 때만 해도 제 목표는 오로지 이 분야에서 박사의 꿈을 이루는 것이었습니다. 그러나 첫 아기의 갑작스런 유산과 산부인과 의사의 과실로 아내의 생명까지 위험했던 일, 참여했던 연구 프로젝트가 중단되는 일들이 겹치면서 박사과정으로 올라가는 것에 문제가 발생했습니다. 새벽기도회까지 나가며 진학을 위해 기도하던 저에게 하나님은 학위가 저의 우상임을 깨닫게 해주셨습니다. 그때 "박사학위에 대한 꿈을 아브라함이 이삭을 바치듯이 바치겠습니다"라고 기도했습니다. 극적으로 길이 열리면서 모든 학위 과정을 마칠 수 있었지만 하나님의 계획은 제가 교수가 아니라 목회자가 되는 것이었습니다. 그리고 목회자가 되고 보니 목회에 환경공학만큼 좋은 전공도 없다는 것을 알게 되었습니다.

요즘은 환경 문제들에 이목이 집중되고 있습니다. 그 심각성과 다양성까지도 피부에 와 닿는 시대가 되어 버렸습니다. 예전에는 일기예보를 보면, 비가 오는지 안 오는지, 기온이 높은지 낮은지 정도에만 관심을 가졌지만, 이제는 그것보다 미세먼지가 얼마나 심한지를 더 먼저 보게 됩니다. 거기에 덧붙여서 오존주의보와 자외선 지수까지 일기예보에서 비중 있게 다루고 있습니다. 강우와 기온보다 건강과 안전이 사람에게 훨씬 더 민감한 요소들이기 때문입니다. 거의 매일 뉴스에 환경 문제가 빠지지 않는다고 해도 과언이 아닐 정도로 다양한 환경 이슈들이 뉴스화되고 있습니다. 최근엔 전공한 사람이 아니면 듣기도 힘들었던 '라돈' 문제까지도 사회적 이슈가 되었지요.

그 이유는 우리가 그동안 환경에 대해 너무 무관심했기 때문입니다. 그러나 이제는 더 이상 환경 문제를 무시할 수 없는 시점까지 왔습니다. 이대로 가다가는 그야말로 땅에 소출이 없고 동식물이 살아갈 수조차 없는 황폐한 지구가 되고 말 것입니다.

사람이라면 누구나 창조 영성을 가지고 먼저 하나님이 손수 마련해 주신 환경에 감사하며 그 은혜를 누려야 합니다. 그뿐만 아니라 청지기의 마음으로 환경을 사랑하고 보전하는 사명을 감당할 수 있어야 합니다. 그러나 우리는 환경에 대해서 잘 아는 것 같으면서도 정확한 과학적 지식이 부족합니다. 그리스도인으로서 하나님과 이웃을 사랑하며 살아가는 것과 친환경적인 모습으로 살아가는 것을 서로 연관 짓지 못하는 경우가 많습니다. 그러나 친환경적 삶은 이 땅에서 마땅히 드려야 하는 예배의 모습입니다. 모든 교회는 친환경적이어야 하고, 모든 교인은 친환경적인 청지기가 되어야 합니다.

환경은 눈에 보이는 것에서 그치지 않고 영적인 면까지 내포하고 있습니다. 빛, 하늘, 물, 땅, 양식, 자원, 동식물의 돌보심, 소리, 향기 같은 모든 환경 영역들에 대한 영적인 의미까지 깨닫고, 주변의 모든 환경을 영성의 재료들로 삼을 수 있으면 좋겠습니다. 사마리아 여인에게 물을 달라고 하시면서 영원히 목마르지 않는 물을 가르쳐 주셨던 예수님의 말씀처럼 환경을 통해서 은혜도 누리고 영성의 깊이도 더해 가기를 바랍니다.

부족한 사람의 원고를 책으로 출간해 주신 두란노와 기도해 주시고 지지해 주신 상일교회에 깊은 감사를 드립니다. 또 추천사를 써 주신 신학교 은사 임성빈 총장님과 김경진 목사님, 이상억 교수님, 목회의 은사 오대식 목사님, 전공의 은사 이영무 교수님, 기독교 세계관의 대선배인 동갑내기 양희송 대표님께 진심으로 감사를 드립니다.

모든 영광을 하나님께 올려드리며, 이 책이 하나님이 기뻐하시는 선한 역할을 잘 감당하기를 소원합니다.

2019년 6월, 게냇가에 심은 나무 아래에서

＿＿＿＿ 손석일 목사

# 1부

# 환경공학도,
# 목사가 되다

# 1
## 환경을 지키는 것이 하나님의 뜻이다

신학대학원 입학 면접 중에 면접관이 이런 질문을 했습니다. "전공한 환경공학이 목회와 어떤 연관이 있을 것 같습니까?"

아마도 환경공학 박사학위까지 소지한 사람이 목회를 하겠다고 하니 의아했던 것 같습니다. 저는 이 질문을 '환경공학 전공이 목회를 하는 데 무슨 도움이 되겠느냐?'는 질문으로 이해하고 이렇게 답했습니다.

"환경공학은 오염된 환경을 하나님이 만드신 모습으로 회복하는 일입니다. 목회는 사람을 하나님이 만드신 모습대로 회복하는 일이지요."

당시에는 하나님이 주신 지혜로 잘 답변했다고 생각했는데, 지나고 나서 다시 생각하니 그 질문 덕분에 저는 환경공학과 목회가 아주 비슷하다는 것을 깨달았던 것 같습니다.

무엇이든지 회복하려면 원래의 모습을 알아야 합니다. 하나님이 피조세계*를 얼마나 아름답게 만드셨는지를 알아야 그 모습을 되찾아 줄 수 있습니다. 사람도 그렇습니다. 하나님이 사람을 어떻게 창조하셨는지를 먼저 알아야 회복될 수 있습니다. 회복은 하나님의 방법을 따라서 해야 합니다.

그런데 세상은 오염된 환경을 먼저 가르칩니다. 기독교 환경 교재를 만들기 위해 대형 서점에서 '환경'을 주제로 한 그림동화를 살펴본 적이 있습니다. 그때 얼마나 놀랐는지 모릅니다. 삽화들마다 하늘과 물이 시커멓게 그려져 있고, 물에는 죽은 물고기들, 해골이 그려진 약병들이 둥둥 떠 있었습니다. 아마도 오염된 환경을 표현했던 것이겠지요.

그런데 저는 아이들에게 환경을 가르치려면 먼저 하나님이 만드신 아름다운 모습을 가르쳐 주어야 한다고 생각합니다. 그 속에 담긴 하나님의 마음을 가르쳐 주는 것이 먼저여야 합니다. 그런 뒤에 오염된 환경을 보여 주어야 무엇이 잘못되었는지를 알 수 있습니다. 그 오염된 환경을 보고 계시는 하나님의 마음이 어떠실지, 그리고 우리가 이 환경을 되돌리기 위해 무엇을 어떻게 해야 할지를 스스로 깨달을 수 있습니다.

오염된 환경은 결국 하나님의 아름다운 창조물인 인간에게도 영향을 미칩니다. 우리가 버리는 쓰레기 하나, 잘못 사용하는 플라스틱 그릇 하나 때문에 세상은 창조의 원리를 역행할 수 있습니다.

언젠가 환경호르몬을 주제로 한 TV 다큐멘터리를 흥미롭

♣ 환경과 생태환경
'자연'은 '스스로 존재한다'는 뜻을 가지고 있어서 이 책에서는 '자연' 대신 '환경', '생태계', '피조세계' 등으로 표현하고 있습니다. 또 '자연환경'이라는 용어 대신 '생태환경'이라는 표현을 사용하고 있습니다.

게 본 기억이 있습니다. 환경호르몬은 우리 몸에 들어와서 마치 여성호르몬처럼 작용해 내분비계를 교란시키는 오염물질입니다. 환경호르몬♣ 때문에 성 기형♣으로 태어나는 아기가 많다고 합니다. 다큐멘터리에서는 이런 증상으로 치료를 받고 있는 아이의 어머니가 플라스틱 용기에 담긴 밥을 전자레인지에 데워 먹는 장면을 보여 주었습니다.

제작진이 "점심을 왜 그렇게 드세요?" 하고 물으니 아이 어머니는 "남편이 출근하고 나면 늘 혼자 점심을 먹어야 하니까 밥을 1인분씩 플라스틱 용기에 담아서 냉동했다가 점심 때 하나씩 꺼내서 데워 먹어요" 하고 말했습니다. 제작진이 놀라면서 "임신 중에도 이렇게 드셨어요?" 하고 물으니 그 어머니는 도리어 "이 플라스틱 용기는 전자레인지에 사용해도 된다고 쓰여 있는데 왜 그러세요?" 하고 반문했습니다.

요즘은 환경호르몬에 대한 기본적인 지식들이 많이 전해지면서 환경호르몬 없는 플라스틱 용기들이 많이 나오는 듯 합니다. 하지만 당시만 해도 대부분의 플라스틱 용기들에 가소제가 들어 있었습니다. 가소제는 플라스틱을 가공할 때 첨가되는 화학물질인데, 이게 바로 환경호르몬입니다. 그리고 플라스틱의 원료 중에도 환경호르몬이 들어 있습니다. 그래서 플라스틱 용기에 뜨거운 음식을 담거나, 음식을 넣고 전자레인지에 데우면 환경호르몬이 음식 속으로 스며들게 되는 것입니다.

♣ 환경호르몬
환경에 배출된 화학물질이 생체 내에 흡수되어 내분비계의 기능을 방해하는 오염물질입니다. 생체 내에서 성호르몬의 합성과 방출, 수송, 수용체와의 결합, 수용체 결합 후의 신호전달 등의 과정들을 교란하여 성장을 억제하고 생식에 이상을 일으킵니다.

♣ 성 기형
선천성 비뇨생식기 이상으로 태어나는 것을 말합니다. 임신 중에 태아가 환경호르몬에 노출이 되면, 그 환경호르몬이 체내에서 여성호르몬처럼 작용하여 남성 생식기가 여성화 됩니다. 잠복고환과 요도하열 같은 기형이 있습니다.

최근에는 환경 문제에 관심이 많아지면서 개인은 물론 회사, 단체들이 '지구를 지키자'는 표어를 내걸고 실천하고 있습니다. 요즘 눈에 띄는 것이 일회용잔 사용 금지 표시판입니다. 카페에는 플라스틱 컵 대신 머그잔을 사용하고 있고, 사람들도 텀블러를 구입해 일회용잔 사용을 줄이고 있습니다.

그러나 자세한 환경적 지식은 여전히 부족합니다. 플라스틱을 대체할 수 있는 천연 재료를 환경에서도 얼마든지 얻을 수 있다는 사실을 아십니까? 한국과학기술원(KIST)에서 연구원으로 있던 당시 천연 재료를 원료로 하여 환경에서 잘 분해되는 플라스틱을 연구한 적이 있습니다. 플라스틱은 딱딱한 고분자이고, 말랑말랑한 고분자는 고무로 사용되며, 고분자를 실로 만들면 합성섬유가 됩니다. 이런 고분자들은 대부분 화학적으로 합성해서 만들기 때문에 분해가 잘 되지 않아 환경을 오염시킵니다.

그런데 사실 이 고분자는 하나님이 만들어 주신 재료입니다. 나무에 있는 셀룰로오스, 감자와 같은 채소의 전분, 동물의 단백질, 게 껍질에 있는 키틴 등과 같이 수많은 천연 고분자들이 존재합니다. 이런 물질들은 모두 분해가 잘됩니다. 그래서 천연 고분자로 플라스틱을 만들면 미세플라스틱 오염 걱정을 하지 않아도 됩니다. 하나님이 세상을 만드신 방법을 제대로 안다면 환경을 오염시키지 않는 친환경적인 재료들로 우리 삶의 질을 충분히 끌어올릴 수 있습니다.

그래서 저는 환경공학을 전공한 목회자로서 말씀뿐 아니라 아름다운 지구를 만드신 하나님의 마음과 생태계 속에 담긴 하나님의 창조 원리를 전하는 목회자가 되어야겠다는 사명의식을 갖게 되었습니다.

# 2
## 하나님이 공급하시는 풍요를 누리다

환경공학도가 목사가 되기란 쉽지 않았습니다. 그러나 하나님은 제가 생각지도 못했던 순간부터 신앙의 기초를 차근차근 훈련시키고 길을 열어 가셨습니다. 저의 계획과 하나님의 계획은 언제나 달랐습니다.

### 하나님의 면접에 합격했습니다

한국과학기술원에서 연구원으로 근무하던 중 미국 스탠포드대학교의 환경공학 석사학위 과정으로 입학 허가를 받고 아내와 함께 유학길을 떠났습니다. 그곳에서 한인학생회 후배의 소개로 교회에 다니게 되었습니다. 주변 분들의 권유로 생애 첫 성경공부도 시작했습니다. 사실 유학을 와서 학과 공부를 따라가는 것도 쉽지 않았기에 큰 부담이었습니다. 게다가 그 교회의 성경공부는 매주 예습과 복습, 적용 간증까지

해야 하는 강도 높은 훈련이어서 학과 공부 만으로도 벅찼던 저는 거의 청강하는 수준에 불과했습니다.

그러나 하나님은 그때부터 제게 신앙 훈련은 물론 목회자로서의 기초 훈련을 시키셨습니다. 제 계획은 박사학위를 위한 유학이었지만, 하나님은 저를 목회자의 길로 이끌고 계셨다는 사실을 뒤늦게야 깨달았습니다.

하나님이 이끄시는 곳에 꽃길만 있는 것은 아니었습니다. 때로는 가시밭과 돌밭을 걸어야 했습니다. 그야말로 신앙의 연단이었습니다.

당시 스탠포드대학교에서 환경공학을 전공하는 한국 유학생은 한 사람도 없었는데, 그럼에도 다행히 석사과정 때부터 한 교수의 프로젝트에 참여하여 중금속을 분석하는 일을 할 수 있었습니다. 그런데 그 프로젝트가 도중에 경기 침체로 재정 지원을 받지 못하게 되면서 졸지에 박사 과정에 올라가는 것이 무산되고 말았습니다.

주변 사람들은 전공 분야를 바꿔 학교에 남을 수 있는 방법을 모색해 주었습니다. 그러나 저는 환경공학 분야가 하나님이 기뻐하시는 일이라는 생각이 들었습니다. 게다가 당장 눈앞의 좋은 조건과 환경만 보고 진로를 결정하는 것은 옳지 않다고 생각했습니다. 결국 다른 학교의 환경공학 박사 과정을 알아보기로 했습니다.

그런 와중에 아내는 우리의 첫 아기를 유산했습니다. 설

상가상으로 수술 과정에서 의사가 실수를 하는 바람에 과다
출혈로 아내의 목숨이 위태로운 상황이 되었습니다. 한순간
에 아기와 아내를 모두 잃을 뻔 한 것입니다. 다행히 가까운
종합병원으로 재빨리 이송해서 위험한 고비를 넘기기는 했지
만, 타지에서의 이런 경험은 아내에게나 저에게나 쉽지 않은
시간이었습니다.

이후에 미국계 컨설팅 회사의 한국지사에서 공학도들을
컨설턴트로 채용하기 위해 학교를 찾아왔습니다. 저는 모든
기회를 놓칠 수 없었기 때문에 지원을 했고, 다행히 1차 면접
에 통과했습니다.

2차 면접을 본 후에 면접관들이 저를 따로 불렀습니다. 그
들은 제게 분석 능력, 문제해결 능력, 마케팅 능력까지 좋게
평가되었는데 진취성 영역이 조금 아쉽다며, 겸손하지 말고
자기 자랑을 마음껏 해보라고 했습니다. 그러면서 인생에서
가장 잘한 일을 얘기해 보라고 했습니다. 그 순간 많은 일들
이 제 머리를 스쳐지나갔습니다. 대학 시절 동아리 활동을 하
며 전국 수련회를 치렀던 것, 학부 시절은 물론 대학원을 다
니면서도 외부장학금을 받았던 일 등…. 하지만 저는 이렇게
답했습니다.

"제 인생에서 가장 잘한 일은 하나님을 만나고 예수님을
영접한 것입니다."

마치 제 인생 전체를 건 고백과도 같은 대답을 한 것입니

다. 안타깝게도 면접 결과는 좋지 않았습니다.

그런데 이상하게도 마음이 무겁거나 어렵지 않았습니다. 면접 준비를 도와주었던 경영학과 선배는 면접 자리에서 신앙 이야기를 하면 어떡하느냐며 면박을 주었지만 그래도 제 마음에는 '그 회사 면접은 떨어졌지만 하나님의 면접에서는 붙었다!'는 확신이 있었습니다. 하나님이 이 회사의 면접을 통해 제 믿음을 테스트하신 것입니다.

나중에 목회자로 헌신하고 난 뒤에 이 일이 다시 생각났습니다. 하나님은 이 면접 이후에 저에게 목회자가 되기 위한 준비를 세밀하게 시키셨고, 결국 '공학박사 출신의 컨설턴트'가 아니라 '공학박사 출신의 목회자'로 스카우트해 주셨습니다.

## 하나님께 박사의 꿈을 드렸습니다

고등학교 때 제일 좋아했던 과목은 화학이었습니다. 학교를 다니는 내내 화학시험에 거의 만점을 받았습니다. 원소들의 기호와 분자구조식, 반응식 등 화학적인 개념들을 보면 볼수록 재미있어서 흥분이 될 정도였습니다. 아마도 하나님이 저에게 이런 분야의 은사를 주신 것 같습니다.

막연하게 과학자를 꿈꾸던 저는 그 무렵 화학과 관련된 공학박사로 꿈을 구체화했습니다. 대학 진학도 공업화학과로 결정했습니다. 공업화학은 섬유, 플라스틱, 고무, 특수 플라스틱, 첨단 화학재료 등을 연구하고 개발하는, 즉 화학을 이용하여 신소재를 개발하는 분야입니다.

그리고 마침내 어린 시절의 오랜 꿈을 이루기 위해 낯선 땅으로 왔습니다. 환경공학 박사학위만을 바라보며 매 순간 최선을 다하지 않은 적이 없었습니다. 스탠포드대학교에서 박사 과정에 올라갈 수 있게 해달라고 새벽기도회에도 나갔습니다. 그때 저는 '하나님은 내게 좋은 것을 주시는 분, 내 꿈을 실현시켜 주시는 분'으로만 생각했던 것 같습니다. 그렇게 저는 하나님의 극적인 인도하심을 기다렸지만 역시 이번에도 제 계획과 하나님의 계획은 달랐습니다.

지원했던 학교들에서 박사 과정 입학 허가는 전혀 오지 않았고, 지원한 회사들에서도 취업의 희소식은 좀처럼 들려오지 않았습니다. 인터뷰 한번 변변히 해보지 못하고 불합격 편지들만 쌓여 갔습니다. 그야말로 실패의 연속이었습니다. 이대로 포기해야 하는 것인가 하는 절망감과 실패감을 뼈저리게 느꼈습니다.

그렇게도 좋아하고 자부심을 느꼈던 스탠포드대학교에서 쫓겨나야 한다는 참혹함도 컸습니다. 오죽하면 학교의 청소부들이 부러울 지경이었습니다. '저들은 이 학교에서 살아남았는데 나는 쫓겨나가는구나. 이제 나는 어디로 가야 하나. 내 인생은 어떻게 되는 것인가?' 하는 생각으로 가득했습니다. 한국으로 그냥 돌아갈 수도 없어서 몸과 마음이 낮아질

대로 낮아진 상황이었습니다.

그런데 바로 그때 하나님은 저를 만나 주셨습니다. 그 무렵 주일 예배 때, 목사님이 창세기 22장을 본문으로 설교를 했습니다. 설교는 '하나님께 받은 복이 우상이 될 수 있다'는 내용이었는데, 그 말씀을 통해 박사에 대한 저의 꿈이 우상이 었음을 깨달았습니다.

저는 새벽기도회까지 출석하며 '만약 환경공학 박사를 허락해 주신다면 하나님 나라를 위해 이 학위를 쓰겠다'고 하나님께 조르고 있었습니다. 이 기도는 조건적인 기도였습니다. 제 꿈을 이루기 위한 수단으로 하나님을 이용하고 있었던 것입니다. 하나님은 저의 이런 부정한 마음을 깨닫게 해주셨습니다.

예배시간 내내 눈물이 멈추지 않았습니다. 저는 그때 아브라함이 이삭을 바치듯이 박사의 꿈을 하나님께 바쳤습니다. 봉투에 '박사 과정에 떨어지게 해주셔서 감사합니다'라고 적은 감사헌금을 드렸습니다. 그리고 '어떻하든지 하나님께 붙어 있자!' 하고 결심했습니다. 하나님에 대한 막연한 신뢰, 혹은 지푸라기라도 잡는 식의 마음이었습니다.

그런데 그 주일이 지나고 바로 어느 대학에서 입학 허가 이메일이 왔습니다. 놀랍게도 그 이메일은 일주일도 더 전에 발송된 것이었습니다. 상식적으로 이메일은 주고받는 데 몇 분, 아니 몇 초도 걸리지 않아야 정상인데, 이 입학 허가 메일

성경 속 환경이야기

은 전송되는 데 일주일이 넘게 걸려 그 주일이 지나고 나서야 제게 도착했습니다. 정말 신기한 일이었습니다. 하나님은 아브라함에게 숫양을 미리 예비하셨던 것처럼 저에게도 이미 입학 허가를 준비해 두시고 박사학위의 꿈을 바치게 하셨던 것입니다.

그 후 여러 학교에서 입학 허가 연락이 도착했습니다. 일리노이주립대학교의 한 교수에게서는 계획하고 있는 프로젝트가 성사되면 같이 하자는 조건부 입학 허가도 받았습니다. 저는 여러 조건을 비교해 보고 가장 좋은 쪽으로 결정할 수 있었습니다.

그렇게 텍사스A&M대학교에 환경공학 박사 과정으로 입학했습니다. 텍사스주 정부의 지원도 많았고, 첫 학기부터 장학금을 받을 수 있다는 장점이 있었기 때문입니다. 텍사스에 도착하자마자 교수들을 만났는데, 그중 한 교수의 제안으로 박사과정 프로젝트에 참여할 수 있었습니다. 모든 것이 하나님의 인도하심으로 순조롭게 이루어졌습니다.

그해 겨울인 1997년 12월에 한국에서 IMF 금융위기가 불어 닥쳤습니다. 환율이 두 배로 껑충 뛰어 당시 유학생들 중에서 학위를 포기하고 한국으로 돌아가는 사람이 많았습니다. 만약 제가 스탠포드대학교에 남아 있었다면 저 역시 비싼 학비와 생활비를 감당하지 못하고 한국으로 돌아갔을지도 모를 일이었습니다. 그러나 하나님은 그곳보다 학비와 생활비가 싸고 의료보험까지 지원받을 수 있는 학교로 저를 미리 옮겨 주신 것이었습니다.

하나님은 가장 최적의 상황에 가장 좋은 것을 주시는 분입니다. 최고가 아니라 최선을 주시는 분이며, 극적인 인도하심보다는 은연중에 인도하시는 분입니다. 이런 과정을 통해 하나님은 우리를 정금같이 만드십니다. 늘 제 생각과 달랐던 주님의 계획과 인도하심을 찬양합니다.


## 내 진짜 지도교수는 하나님입니다

스탠포드대학교 기숙사에서 나올 무렵, 그럼에도 좌절하고만 있을 수 없었던 이유가 있었습니다. 아내가 첫째 딸을 임신하게 된 것입니다. 우리 부부는 더욱 성경공부와 기도에 집중했습니다. 아마 첫째를 임신하지 않았더라면 그 시기를 잘 견뎌낼 수 있었을까 자신할 수가 없습니다.

그런데 텍사스A&M대학교로 옮기고 얼마 지나지 않아 둘째 딸을 임신했을 무렵, 지도교수가 갑자기 다른 학교로 옮겨가게 됐습니다. 저는 또다시 선택의 기로에 놓였습니다. 다른 학생들은 모두 지도교수를 따라 학교를 옮기기로 결정했습니다. 그러나 저는 아내가 곧 출산을 앞두고 있었기에 의료보험 문제가 걸려 또다시 학교를 옮기기가 쉽지 않았습니다. 결국 다른 지도교수 밑에서 박사학위를 위한 연구를 다시 하기로

성경 속 환경이야기

결정했습니다.

당시 박사학위 논문 연구는 오염된 흙을 시멘트로 돌처럼 굳혀서 땅에 묻는 '고정화·안정화' 공법을 화학적으로 개량하는 것이었습니다. 토양의 고정화·안정화 공법은 주로 중금속으로 오염된 흙을 더 이상 위험하지 않도록, 마치 원래 환경에 있던 모습대로 돌 속에 가두어 버리는 것입니다. 그런데 요즘은 중금속으로만 오염된 흙이 드물고 복합적인 물질이 뒤섞여 오염되어 있기 때문에 처리하는 과정이 까다롭습니다. 흙 속 오염물질 중에는 시멘트의 미세한 틈 사이로 새어 나오는 것도 있어서 이 공법으로 처리를 하면 2차 오염 문제가 발생합니다. 그래서 시멘트로 오염된 흙을 굳힐 때 화학적인 분해제를 함께 넣어서 밖으로 오염물질이 새어나오기 전에 분해시키는 기술을 개발하고 있었습니다.

결과는 성공적이었습니다. 시멘트 속에 넣은 분해제의 성능이 월등히 좋아져서 분해가 더 잘되었습니다. 그래서 저는 이 개량된 공법으로 아주 까다로운 물질을 분해하는 프로젝트를 수행하게 되었습니다.

그런데 연구 도중에 시멘트의 어떤 성분이 분해제의 성능을 높여 주는지가 궁금했습니다. 그래서 프로젝트의 연구와는 별도로 추가적인 연구를 했습니다. 시멘트에 들어 있는 성분 물질들을 하나씩 분해제와 섞어서 실험을 해 봤더니 분해 효과를 월등히 높여 주는 물질들을 발견하게 되었습니다. 일

종의 촉매제를 발견한 것입니다.

회의 시간, 저는 기쁜 마음으로 지도교수에게 연구 결과를 보고했습니다. 그런데 칭찬은커녕 호되게 야단을 맞았습니다. 그 이유는 허락도 없이 다른 연구를 했다는 것이었습니다. 지도교수가 그렇게 화를 내는 것은 처음 보았습니다. "앞으로 한 번만 더 그러면 당장 내쫓아 버리겠다"(kick-out)는 말까지 들었습니다.

저는 회의가 끝나자마자 얼른 지도교수의 방으로 따라 들어가서 사정을 잘 이야기했습니다. 해야 할 일을 허투루 하거나 게을리 하지 않았고 추가로 일을 더 한 것이었다고, 결과가 어떨지 몰라 해보고 좋으면 보고하려고 했던 것이었다고 말하며 오해를 풀고자 했습니다.

그러고 나니 제 마음 속에는 너무 큰 두려움이 엄습해 왔습니다. 유학을 와서 지금까지의 시간들이 머릿속을 스쳐지나갔습니다. '얼마나 많은 우여곡절을 겪으면서 하게 된 박사학위 논문 연구인데, 여기서마저 쫓겨나면 어떻게 해야 하나' 하는 두려움이 무섭게 몰아쳤습니다.

그런데 그때 하나님은 정말 중요한 사실 하나를 깨닫게 하셨습니다. 마치 하나님이 제게 이렇게 말씀하시는 것 같았습니다.

"너의 진짜 지도교수는 누구냐?"

그렇습니다. 지금까지 학위의 길을 열어 주신 분도, 앞으로 학위를 받게 하실 분도 하나님이셨습니다. 제가 그 우여곡절을 모두 감내하고 지금 이 자리에 있을 수 있었던 것도 모두 하나님의 이끄심이 있었기 때문이었습니다. 하나님은 제 마음에 다시 한 번 말씀하셨습니다.

"너의 진짜 지도교수는 나다. 그러니 두려워하지 말아라."

그 순간 제 마음에 평강이 찾아왔습니다.

나중에 알게 된 사실인데, 당시 지도교수는 분해제의 성능을 높여 주는 시멘트의 성분을 찾고, 그것의 효과를 연구하는 프로젝트를 이미 정부에 요청한 상태였습니다. 그런데 제가 그 프로젝트의 상당 부분을 미리 연구해 버렸기 때문에 당황했던 것이었습니다. 몇 개월이 지난 후에 지도교수는 회의 시간에 제가 얻은 연구의 결과로 정부로부터 새 프로젝트를 지원받게 되었고, 이를 위해 한국 학생을 한 명 더 뽑게 되었다고 발표했습니다.

사실 저는 박사학위를 받게 되면 지도교수에게 한국식으로 큰절을 하려고 마음먹고 있었습니다. 하지만 이 사건 이후로 저는 마음을 고쳐먹었습니다. 제가 큰절을 해야할 분은 따로 있었기 때문입니다. 바로 제 진짜 지도교수이신 하나님 말입니다.

## 이 논문을 하나님께 바칩니다

한번은 이런 적이 있습니다. 하나님의 이끄심에 따라 박사학위를 모두 잘 마치고 논문을 쓰는데, 한 줄 한 줄 정성을 다해 쓰던 논문 파일의 내용이 감쪽같이 사라진 것입니다. 분명히 작업할 때마다 매번 저장을 했는데, 매일 열 시간 이상씩 일주일을 꼬박 공을 들인 논문이 제목만 남겨 놓은 채 모두 사라지고 나니 그야말로 괴성이 나오지 않을 수 없었습니다.

한참을 그렇게 책상에 멍하니 앉아 있는데, 문득 하나님의 음성과 같은 깨달음이 제 마음에 울렸습니다.

"이 논문의 주인이 누구인가!"

저는 이 논문을 하나님께 바친다고 생각하고 쓰고 있었는데 정작 행동으로는 그러지 못했습니다. 제가 그 논문의 주인이 되어서 멋지게 쓰려는 욕심을 부리고 있었던 것입니다. 저는 하나님께 기도하고 처음부터 다시 논문을 쓰기 시작했습니다. 잠깐이라도 일어났다가 다시 책상에 앉으면 먼저 기도부터 했습니다. 그러고 나니 한 문장 한 문장을 오히려 쉽게 써 내려갈 수 있었습니다. 그렇게 환경공학 박사학위 논문을 하나님과 함께 완성해 나갔습니다.

우여곡절 끝에 박사학위의 연구가 마무리되고 논문도 완성이 되었으니 졸업을 할 때가 되었습니다. 이 논문은 하나님께 바치는 것이니 당연히 감사의 글에 하나님께 감사하는 내용을 넣으려고 했습니다. 그런데 문제가 있었습니다. 당시 터

성경 속 환경이야기

키 출신인 학과장이 논문에 특정 종교에 관한 문장을 넣지 못하게 한다는 것을 알게 되었던 것입니다.

그런데 이 문제에서만큼은 저도 양보할 수가 없었습니다. 논문 마감일이 되었습니다. 지도교수와 논문 심사위원 교수들의 사인을 다 받고 난 뒤에 학과장의 사인을 받아 도서관에 제출해야 그 학기에 졸업할 수 있었습니다. 저는 논문을 들고 학과장 사무실로 갔습니다.

학과장은 다른 내용은 거의 안 봅니다. 이미 지도교수와 논문 지도위원들이 모두 확인한 것이기 때문에 오직 논문 속에 종교적인 표현이 있는지 없는지를 확인하고 사인을 해주었습니다. 깐깐하기로 소문난 학과장 비서의 검열도 만만치 않았습니다. 그런데 학과장 사무실에 갔더니 마침 비서가 휴가를 가고 없었습니다. 다행히 비서는 무사히 통과했습니다. 이제 학과장만 남았습니다. 그런데 학과장도 잠시 출타중이었습니다. 마감 시간이 얼마 남지 않았던 터라 당장 사인을 받아서 제출하지 않으면 안 되는 상황이었습니다. 마침 학과장 사무실의 옆방에 있던 교수가 그 사정을 알고는 제 논문을 받아들고 자기 방으로 들어갔습니다.

꽤 시간이 흘렀습니다. 로비 의자에 앉아 계속 기도를 했습니다. 이번 학기에 졸업을 할 수 있느냐 없느냐 하는 문제가 달려 있었기 때문에 정말 간절히 기도했습니다. 안 된다고 하면 그 페이지들만 바꿔서 사인을 받아도 되는데 얼마나 무모했던지 아무런 대안 없이 갔기 때문에 더 간절했습니다. 제 평생에 그렇게 집중력 있게 간절히 기도한 적은 없을 정도였습니다.

한참이 지나서야 교수가 논문을 들고 나왔습니다. 그러고는 "좋은 논문이다. 수고했다"고 말해 주었습니다. 교수는 하나님과 종교에 관한 문장을 전혀 문제 삼지 않고 논문의 내용만 열심히 살펴보았던 것입니다. 그러고는 학과장 사인 란에 학과장 대리로 사인을 해주었습니다.

그렇게 해서 제 논문은 저희 과에서는 유일하게 '하나님께 이 논문을 바치며 감사드린다'는 내용이 들어간 논문이 되었습니다. 학과장 비서의 휴가와 학과장의 잠깐의 외출, 대리 학과장의 종교적인 문구를 전혀 문제 삼지 않았던 우연까지 세밀하게 역사하셔서 하나님은 저의 감사의 고백과 하나님께 박사학위 논문을 바치고자 하는 마음도 기적적으로 받아 주신 것이었습니다.

## 하나님이 부르시다

논문이 마무리되고 발표만을 앞둔 그 주의 수요예배 때, 목사님의 설교를 통해 하나님은 다시 한 번 제게 창세기 22장의 말씀을 주셨습니다. 마치 세게 "너, 아브라함이 이삭을 바치듯 박사학위를 내게 바쳤었지?" 하고 물으시는 것 같았습

성경 속 환경이야기

니다. 저는 다시 하나님께 고백했습니다.

"네, 하나님, 이 박사학위를 하나님께 바치겠습니다."

사실 그때는 왜 그런 마음이 들었을까 전혀 예상하지 못했습니다. 그런데 그 모든 과정이 하나님의 이끄심 가운데 있었음을 나중에서야 알게 되었습니다. 하나님은 제가 교수가 아니라 목회자의 길을 가도록 계획하셨던 것입니다.

미국에서의 학위를 마치고 우리 가족은 다시 한국으로 돌아왔습니다. 저는 선배 교수의 연구실에서 연구원으로 있으면서 교수로서의 길을 가기 위해 준비했습니다. 그러나 저의 계획은 다시 한 번 전혀 다른 방향으로 완전히 틀어져 버렸습니다. 저를 위해 중보기도를 해주던 지인을 통해 목회자로서의 부르심이 있는 것 같으니 기도해 보라는 조언을 듣게 되었습니다. 처음에는 이해되지 않았지만 하나님의 뜻을 깨닫기 위해 기도하며 말씀을 깊이 묵상하기 시작했고 요한복음 15장 말씀을 통해 부르심의 확신을 얻게 되었습니다.

너희는 내가 명하는 대로 행하면 곧 나의 친구라  요 15:14

사실 저는 오래 전부터 하나님이 아브라함을 친구라고 인정해 주신 것이 늘 부러웠습니다. 그래서 제 신앙의 소원도 하나님께 친구라고 인정받는 것이었습니다. 그런데 목회자의 길을 두고 기도하던 중 묵상하게 된 말씀을 통해 하나님이 저를 아브라함처럼 친구로 인정받는 길로 초청하고 계심을 알게 되었습니다. 저에게는 그것만큼 더 확실한 주님의 음성과 확신은 없었습니다.

알고 보니 같은 시기에 아내도 저 몰래 혼자 40일 작정 기도를 하고 있었는데, 저와 같은 응답을 받았다고 했습니다.

> 너희가 나를 택한 것이 아니요 내가 너희를 택하여 세웠나니 이는 너희로 가서 열매를 맺게 하고 또 너희 열매가 항상 있게 하여 내 이름으로 아버지께 무엇을 구하든지 다 받게 하려 함이라   요 15:16

그날 저녁 우리 부부는 하나님께 헌신 기도를 함께 드렸고 목회자의 길을 가기 위해서 신학대학원에 입학하기로 결단하였습니다.

### 하나님은 늘 풍요롭게 공급하십니다

신학대학원을 다니던 3년간은 호락호락하지 않았습니다. 미국에서 8년간의 긴 유학생활을 마치고 한국에 오자마자 다시 신학생이 된다는 것은 마치 긴 터널 속으로 들어가는 것과 같았습니다. 특히 두 딸이 초등학교와 유치원에 다니는 상황이었기 때문에 가족을 부양해야 하는 가장으로서의 부담감이

성경 속 환경이야기

너무나 컸습니다.

　신학대학원 첫 학기는 경건학기로 기숙사 생활을 의무로 해야 했습니다. 저는 대학에서 파트타임으로 근무를 하며 수업을 듣느라 늘 시간에 쫓겨 집과 기숙사, 학교를 왔다 갔다 했습니다. 게다가 주일에는 교회에서 교육전도사로 사역을 하게 되었습니다.

　무엇보다 가장 어려웠던 점은 역시나 생활비가 빠듯하다는 것이었습니다. 대학 계약기간이 만료되면서 주로 시간 강의로 생계를 이어 갔지만, 그마저도 방학 때는 수입이 전혀 없었습니다. 그래서 방학이 되면 교육전도사 사례비만으로 네 명이 살아야 했습니다.

　그렇지만 하나님은 늘 우리의 필요를 채워 주셨고, 밥 한 끼도 굶지 않게 해주셨습니다. 이 시간 동안 부족함의 설움이 아니라 오히려 풍요를 배웠습니다.

　아내의 생일은 방학 중인 8월에 있습니다. 아내는 포도를 좋아하는데 사 줄 형편이 되지 않았습니다. 마트에 가서 포도 몇 송이를 장바구니에 담았다가 돈이 부족하여 다시 내려놓기도 했습니다. 그런데 그 주일에 교회를 갔더니 어느 권사님이 갑자기 포도 한 박스를 주셨습니다.

　쌀이 떨어질 때도 있었습니다. 그런데 어떻게 알고 주변에서 성미를 가져다주곤 했습니다. 한 번도 사람들에게 쌀이 떨어졌다는 말을 하지 않는데도 하나님은 우리 집 쌀통을 늘 채워 주셨습니다. 지폐가 하나도 없을 때는 저금통에서 동전을 한주먹 꺼내 주머니에 넣고 출렁거리며 다니기도 했습니다. 그래도 기쁨으로 잘 견뎌 냈습니다.

어느 날은 돈이 없어서 큰딸의 학교 준비물을 사 주지 못했습니다. 친구에게 빌려 쓰라고 하며 학교에 보내는 마음이 너무 아팠습니다. 그때는 너무 힘들었습니다. 하나님이 원망스럽기까지 했습니다. "하나님, 저는 다 감당할 수 있습니다. 하나님의 부르심에 순종하며 모든 것 감수하며 갈 수 있습니다. 하지만 이 길이 제 딸에게는 너무 미안한 길입니다"라고 하나님께 하소연했습니다. 가장으로서, 아빠로서 아내와 딸에게 너무 미안했습니다.

며칠 후 아내가 텅 빈 냉장고에서 몇 가지 야채들로 된장찌개를 끓였습니다. 된장찌개 말고는 변변한 반찬이 없는 식탁에 온 가족이 둘러앉았는데, 이렇게 우리 네 식구 모두 건강하고 화목하게 함께 저녁식사를 할 수 있다는 것이 얼마나 감사한지, 그 순간 '아, 이게 하나님의 은혜구나!' 하는 생각에 마음속에서 감사가 터져 나왔습니다. 그동안 하나님께 제대로 감사하지 못했던 것들이 정말 감사해야 할 일들이었다는 것을 깨닫게 되었습니다. 밥 한 공기가, 반찬 하나가 얼마나 귀하고 소중한 것인지를 알았습니다. 하나님의 공급은 세상 그 어떤 진수성찬보다 풍성했습니다.

환경공학만을 생각하며 공부하던 제가 목회자가 되기까

지, 네 식구를 돌보시고 인도하신 분은 하나님이셨습니다. 환경공학을 전공한 목회자로서 제가 감당할 수 있는 특별한 사명을 허락시고 그 일들을 잘 감당하도록 모든 상황에서 풍요롭게 공급하신 하나님께 감사를 드립니다.

2부

하늘과 물과

땅을 주시다

# 1
## 생태계에는 하나님의 마음이 담겨 있다

신학교 시절, 수업 중에 한 교수님이 창조와 진화에 대해 질문을 한 적이 있습니다. 과연 어느 쪽이 맞다고 생각하는지 학생들에게 물은 것입니다. 신학생 중에도 진화 쪽에 손을 드는 학생이 제법 많았습니다. 어떻게 신학을 공부한다는 사람들이 그런 기초적인 부분에서 믿음이 없을 수 있느냐 반문할지 모르겠습니다만, 창조와 진화의 대치는 신학적으로도 그리 간단한 문제가 아닙니다. 기독교계 내에서도 진화를 인정하는 학자들이 있기 때문입니다.

그들은 과학적인 진화의 증거들을 인정하면서, 그 진화의 과정을 하나님이 주도하셨다고 주장합니다. 또는 하나님이 모든 생물에게 필요한 능력을 부여해 주셨기 때문에 진화할 수 있었다고 보는 견해도 있습니다. 즉 진화를 우연의 결과로 보지 않고 하나님의 창조의 방식으로 이해하는 것입니다.

그들은 창세기 1장에 기록된 천지창조의 6일간을 현대의 시간 개념이 아닌 아주 오랜 기간으로 해석하기도 합니다. 이와 같은 견해들은 과학에서 말하는 지구의 나이와 생물의 진화를 받아들이려는 노력에서 나온 것들입니다.

그러나 창조와 진화를 이야기할 때 우리가 간과하지 말아야 할 것이 있습니다. 그것은 과학에는 한계가 있다는 사실입니다. 진화를 과학적으로 증명하려고 할 때도 그렇지만, 창조를 과학적으로 증명하려고 할 때도 마찬가지입니다. 성경은 초과학적이기 때문에 늘 과학의 한계와 성경의 초월성을 염두에 두어야 합니다.

특히 인간이 어디서 왔느냐의 문제는 양보할 수 없는 영역입니다. 만약 진화의 모든 과학적 증거를 받아들이고자 인간도 동물에서 진화되었다고 주장한다면, 성경의 창조의 말씀이 흔들리게 되기 때문입니다. 인간은 하나님이 그분과 교제할 수 있는 영적 존재로 손수 특별하게 만드신 하나님의 피조물입니다. 그 사실은 결코 흔들릴 수 없는 진리입니다.


**지구는 하나님의 가장 귀한 선물입니다**

하나님이 하신 창조의 구체적인 과정들을 과학적으로 온전하게 다 밝힐 수는 없습니다. 하지만 우리가 확실히 알 수 있는 것은 바로 창조된 세상의 모습 속에 지금도 하나님의 섭리와 은혜가 나타나고 있다는 사실입니다. 그것은 하나님이 세상을 지으신 순서만 보아도 알 수 있습니다.

하나님은 인간을 만드시기 전에 먼저 온 세상을 만드셨습니다. 빛과 어둠은 물론 해와 달과 별, 땅과 바다, 계절의 나눔과 우리가 숨 쉬는 세상의 모든 '환경'을 지으신 것입니다. 이것은 곧 사람이 살아갈 터전이기도 합니다.

우리는 '환경'♣이라는 단어를 참 자주 사용합니다. '생태환경', '교육환경', '생활환경', '주거환경', '문화환경', '의료환경' 등 거의 모든 분야에 사용하는 개념입니다. 그리고 이러한 환경이 한 차원 높은 양질의 것이 되게 하기 위해 우리는 여러 가지 노력을 합니다. 제가 전도사로 사역을 시작하고 교회에서 첫 번째 교사대학을 수강했을 때 처음 들었던 강의 내용이 '교육환경'이었습니다. 교회학교의 교육환경조차도 시설, 기자재, 인력, 교육 자료와 프로그램, 안전과 쾌적함, 집중과 참여도 등을 반드시 고려해야 한다는 것을 알았습니다.

하물며 사람도 좋은 '환경'을 위해 이렇게 많은 정성과 시간을 투자하는데, 하나님이 우리가 살아갈 이 지구를 만드시기 위해 얼마나 세밀하고 풍성하게 준비하셨겠습니까? 하나님은 이 모든 것을 지으신 후에 "보시기에 좋았더라"(창 1:4, 31, 10, 12, 18, 21, 25)고 말씀하실 정도로 이 땅을 아름답고도 완벽하게 창조하셨습니다.

하나님이 창조하신 생태계를 보면 온 세상을 향한 하나님의 마음이 어떠한지 알 수 있습니다. 하나님은 환경을 만드신

♣ 환경
환경은 생태환경과 생활환경으로 나눌 수 있습니다. 생태환경은 공기와 물과 땅, 그리고 거기에 사는 모든 생물과 무생물들을 포함하는 것이고, 생활환경은 사람이 만들어 낸 모든 환경들을 포함하는 것입니다. 예를 들면, 주거환경, 교통환경, 교육환경, 의료환경 등 다양합니다.

후에 식물과 동물 같은 생명체들을 만드셨습니다. 이 모든 생명체와 무생물체들은 아주 복잡하고 미묘하게 얽혀 서로 도움을 주고받습니다. 이것을 생태계라고 합니다. 생태계는 원래 집이라는 뜻의 그리스어 '오이코스'에서 유래된 말입니다. 그러니까 지구는 사람이 행복하고 쾌적하게 살 수 있게 만들어진 거대한 집인 셈입니다. 이 집에서 우리는 수많은 생명체와 함께 살아가야 합니다.

이처럼 하나님은 이 아름다운 지구를 우리에게 선물로 주셨습니다. 그런데 사람은 지구를 망가뜨리고 있습니다. 사람을 제외한 모든 동식물은 환경과 조화를 이루며 함께 살아갑니다. 사람들은 환경의 도움 없이는 살 수 없는데도 자기 집을 더럽히고 망가뜨리는 어리석은 행동을 하고 있습니다. 모든 생태환경은 사람을 위해 하나님이 만들어 주신 것인데 오히려 사람들이 오염시키고, 파괴하고 있습니다.

만약 내 아이를 위해 방을 마련해 예쁜 벽지와 커튼으로 꾸미고 좋은 침대, 책상, 장난감으로 가득 채워 주었다고 생각해 봅시다. 어느 날 그 방에 들어가 보니 벽에는 온통 낙서가 가득하고 커튼은 찢어져 있고 침대며 책상, 장난감들도 모두 부서지고 고장 나 있다면 기분이 어떨까요? 게다가 그 부서진 장난감에 발을 다쳐 아이가 피를 흘리고 있다면 얼마나 속상하겠습니까? 지금 우리가 환경을 대하고 있는 모습이 이와 같습니다.

## 하나님은 회복 방법을 이미 주셨습니다

하나님은 모든 생태계[*]가 마치 살아 있는 생명체처럼 스스로를 지킬 수 있도록 능력을 주셨습니다. 그래서 늘 안정된 상태를 유지할 수 있습니다. 예를 들어 산성비가 내리면 흙이나 물은 어느 정도 중화시킬 수 있습니다. 즉 생태계를 위협하는 상황이 발생하면 스스로 그 충격을 완화시키는 것입니다. 이것을 완충능력이라고 합니다. 또 오염물질이 유입되면 미생물이나 자외선 등으로 분해시켜 자체적으로 정화할 수 있는 능력도 있습니다. 이것은 자정능력이라고 합니다.

그런데 환경이 감당할 수 없을 만큼의 큰 위협과 큰 충격이 가해지면 더 이상 환경은 자기를 지켜 낼 수가 없습니다. 그리고 제 기능도 다할 수 없게 됩니다. 이것을 환경오염이라고 합니다. 쉽게 설명해 볼까요? 고무줄을 적당히 잡아당기다가 놓으면 다시 원래의 모습대로 돌아오지만 너무 세게 잡아당기면 끊어져 원래 모습으로 돌아갈 수 없습니다. 또한 고무줄을 조금만 가열하면 식은 후에 다시 원래의 신축성을 가질 수 있지만 너무 가열해서 녹아 버리면 전혀 고무줄로서의 기능을 할 수 없습니다.

환경오염도 이와 같습니다. 감당할 수 있는 범위 이상의 충격이 가해지면 환경은 더 이상 하나님이 만드신 본연의 모습으로 돌아갈 수 없고 제 역할도 전혀 할 수 없게 됩니다. 나아가 사람의 건강에도 큰 피해를 입힙니다.

[*] 생태계와 환경의 차이 생태계는 생물과 이를 둘러싸고 있는 환경을 다 포함하는 것이고, 환경은 대상이 되는 생물을 뺀 모든 주변을 말하는 것입니다. 생태계는 연못 생태계와 같은 작은 생태계에서부터 해양생태계와 지구생태계 같은 큰 생태계까지 그 크기와 종류도 다양합니다.

성경 속 환경이야기

하나님은 오염된 이 땅의 회복 방법을 환경 속에 이미 만들어 놓으셨습니다. 모두 그 방법을 찾아서 회복해야 합니다. 따라서 환경공학은 오염물질을 분해하는 미생물을 환경에서 발견하고 그 미생물로 오염물질을 처리하거나, 화학적인 분해물질들을 찾아내서 그 물질로 오염을 제거하는 방법을 연구해야 합니다.

하나님은 인간들이 망가뜨리고 있는 환경을 보시고 속상해 하고 계십니다. 우리는 먼저 아름다운 지구를 주신 하나님께 감사해야 합니다. 그리고 천지를 창조하시고 보시기에 좋았다고 하신 하나님의 마음으로 환경과 모든 생명체들을 대해야 합니다.

### 창조론과 진화론

창조와 진화에 대한 학자들의 견해는 크게 네 가지로 요약할 수 있습니다. 먼저 창조론은 천지창조의 기간에 대한 견해 차이가 있습니다. 6일 동안 창조되었다고 보는 '젊은 지구 창조론'과 오랜 기간 동안 창조되었다고 보는 '오랜 지구 창조론'입니다. 진화론도 진화가 창조의 산물이냐 우연의 산물이냐에 대한 견해 차이로, 기독교 내에서의 '유신론적 진화론'과 기독교 밖에서의 '자연주의적 진화론'으로 나뉩니다.

### 젊은 지구 창조론

창세기 1-2장에 나타난 창조 기사를 문자 그대로 해석하여 하나님이 천지를 6일 만에 창조하셨다고 주장하며, 지구와 우주의 나이를 약 6천 년으로 봅니다.

### 오랜 지구 창조론

창세기 1장의 천지가 창조된 6일을 현대의 시간 개념과 같이 하루 24시간으로 보지 않고 아주 오랜 기간으로 해석하여 지구의 나이를 약 45억 년, 우주의 나이를 약 138억 년이라

성경 속 환경이야기

고 주장합니다. 이 창조론은 우주론과 지질학이 주장하는 과학적 지식과 창세기의 창조 기사를 동일한 사건으로 봅니다. 하나님이 오랜 기간 여러 단계를 통하여 생명체를 점진적으로 창조하셨으며 한 단계의 창조를 완성하시고 그 다음 단계의 창조를 더하셨다고 하여 '점진적인 창조론'이라고도 불립니다.

### 유신론적 진화론

자연주의적 진화는 부정하지만 하나님이 개체별 창조의 방식이 아닌 진화론적 결과가 입증하는 방식으로 천지를 창조하셨다고 주장합니다. 모든 피조물은 진화에 필요한 모든 능력을 하나님으로부터 선물로 부여받았고, 무생물로부터 현존하는 모든 생명체들이 연속적으로 진화하여 발생할 수 있었다는 것입니다. '진화하는 창조'나 '능력으로 충만한 창조'라고 부르기도 합니다.

### 자연주의적 진화론

자연 상태의 물질들이 아주 오랜 시간 동안 물리화학적인 반응을 되풀이하면서 우연하게 하등 생명체가 생겼고, 또 다시 오랜 기간 적응과 도태를 반복하며 우연한 돌연변이들을 통하여 수많은 생명체가 등장하게 되었다고 주장합니다. 지구의 나이를 약 45억 년으로 보고 있습니다.

## 생활 속 실천 tip

아름다운 환경을 선물로 주신 하나님께 감사하며 신음하고 있는 지구와 모든 생태계들을 위해 가정과 교회에서 기도합시다.

교인들과 교회학교 아이들에게도 늘 아름다운 세상을 창조해 주신 하나님께 감사하는 마음을 가질 수 있도록 가르칩시다.

# 2
# 빛으로 흑암을 밝히시다

하나님은 천지를 창조하실 때 빛을 제일 먼저 만드셨습니다.

하나님이 이르시되 빛이 있으라 하시니 빛이 있었고  창 1:3

전도사 시절, 소년부에서 빛에 대한 환경 설교를 하는데, 한 아이가 이런 질문을 했습니다.

"전도사님, 해와 달과 별이 넷째 날 만들어졌는데, 어떻게 빛이 첫째 날 있을 수 있어요?"

설교 중에 질문을 받아서 조금 당황은 했지만 곧 충분히 궁금해 할 만한 것이라는 생각이 들었습니다. 아마 이 아이 외에도 이런 의문을 가지는 그리스도인이 많을 것입니다. 또 해가 만들어지기 전에 셋째 날 식물이 만들어진 것도 이해가 안 될 수 있습니다. '해가 없는데 어떻게 식물이 자라지? 말도 안 돼'라고 생각할 수도 있을 것입니다.

하지만 그 답은 오히려 간단합니다. 빛이 있어야 그 빛을 비추는 해와 달과 별이 필요한 것입니다. 전등을 만드는 것과 같은 이치입니다. 만약 빛이 없으면 전등을 만들 이유가 없습니다. 전등 자체가 필요 없는 것입니다.

빛은 우리에게 밝음을 줍니다. 태초에 하나님은 빛을 만드셔서 온 세상을 먼저 비추어 주셨습니다. 그 빛으로 흑암이 가득하던 세상이 밝아졌습니다.

이때의 빛은 세상을 밝게 해주는 빛 이상의 빛입니다. 하나님은 온 우주만물을 움직이게 하는 에너지를 만드신 것입니다.


### 무지개를 보려면 해를 등지고 서야 합니다

인간이 볼 수 있는 빛은 아주 제한적입니다. 우리는 아주 적은 영역의 빛 밖에 볼 수 없습니다. 그래서 에너지가 너무 작은 빛이나 너무 큰 빛은 보지 못합니다. 소리도 너무 작거나 크면 사람이 들을 수 없는 것과 같습니다.

우리 눈으로 볼 수 있는 영역의 빛을 '가시광선'이라고 합니다. 가시광선은 하나님이 만드신 빛 중에서 지극히 작은 영역입니다. 이 가시광선은 수많은 색의 빛으로 이루어져 있습니다. 백색광인 가시광선을 프리즘으로 굴절시켜 보면 무지개 빛깔로 보입니다.

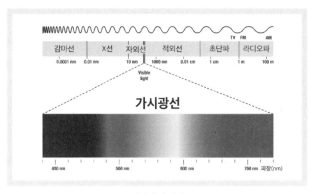

가시광선 영역

우리는 일곱 빛깔 무지개라고 말합니다. 하지만 알고 보면 무지개는 셀 수 없이 많은 색깔이 연속적으로 이어져 있습니다. 우리는 이 무지개를 보면서 신기하고 아름다운 경관에 오묘한 감정을 느낍니다. 그러고 보면 하나님은 다채로움을 참 좋아하시는 것 같습니다.

> 내가 내 무지개를 구름 속에 두었나니 이것이 나와 세상 사이의 언약의 증거니라 내가 구름으로 땅을 덮을 때에 무지개가 구름 속에 나타나면 내가 나와 너희와 및 육체를 가진 모든 생물 사이의 내 언약을 기억하리니 다시는 물이 모든 육체를 멸하는 홍수가 되지 아니할지라  창 9:13-15

하나님은 죄로 가득한 이 땅에 40일 동안 비를 내리셨고,

결국 온 세상이 물에 잠겨 버렸습니다. 혹시나 또 비가 오면 사람들이 두려워할까 봐 하나님은 다시는 비로 세상을 멸망시키지 않겠다고 약속하셨습니다. 무지개는 하나님이 노아와 그 가족에게 주신 약속의 증거입니다.

이러한 무지개는 햇빛이 구름 속 물방울 안에서 굴절되고 반사되어서 만들어집니다. 그래서 무지개는 아무 데서나 보이지 않습니다. 해가 떠 있는 쪽에서 비가 오는 구름을 향해 바라보아야 보입니다. 분수대에서도 해를 등지고 서서 분수대를 바라보면 무지개를 볼 수 있습니다. 이처럼 하나님의 약속은 하나님 편에 서서 하나님의 시각으로 세상을 볼 때 비로소 우리 눈에 보입니다.

### 빛은 세상을 갖가지 색으로 수놓습니다

빛은 우리에게 무지개와 같은 색깔을 만들어 줍니다. 색깔은 가시광선 중에서 특정한 색의 빛이 반사되어서 우리 눈에 보이는 것입니다. 예를 들어 사과는 가시광선의 다른 색 빛은 모두 흡수하고 빨간색 빛만 반사하기 때문에 우리 눈에 빨갛게 보이고, 바나나는 노란색 빛만 반사하기 때문에 우리 눈에 노랗게 보이는 것입니다.

하나님은 이 빛을 통해 우리에게 밝음만 아니라 색깔을 선물로 주셨습니다. 그리고 수많은 동물, 식물, 환경을 아름다운 색깔로 장식해 주셨습니다.

그런데 동물들은 대부분 색을 구별하지 못합니다. 설령 색을 구별한다고 해도 색을 보며 감탄하지는 않습니다. 색을 보며 즐거워하지는 않는다는 것입니다. 열대어들끼리 서로를 쳐다보며, "너 색깔 참 예쁘구나!" 하지 않는다는 것입니다. 색을 구별하더라도 기능적으로 구별할 뿐입니다.

이 세상에서 색을 보며 기뻐할 수 있는 존재는 사람밖에 없습니다. 하나님은 사람을 기쁘고 행복하게 하기 위해서 아름다운 색을 만들어 주셨고, 온 세상을 색으로 장식해 주셨습니다. 환경의 색은 그 어떤 보석보다 아름답고, 그 어떤 예술 작품과도 비교할 수 없는 하나님의 선물입니다. 맑고 푸른 하늘, 새하얀 뭉게구름, 짙푸른 바다, 계절마다 달라지는 산과 나무들의 초록빛, 알록달록한 단풍 등… 온 세상은 총천연색으로 가득 차 있습니다. 이것이 하나님이 빛으로 만드신 아름다운 세상입니다.

### 단풍잎은 내면의 색이 비로소 드러나는 것입니다

가을이 되면 온 산은 단풍으로 물들어 갑니다. 단풍 색깔은 봄꽃만큼이나 화려하고 아름답지요. 우리는 흔히 '단풍이 물든다'고 표현하지만, 단풍은 염료로 천을 물들이는 것과는 조금 다릅니다. 천에 색을 입힐 때는 색소가 더해지면서 겉에서부터 안으로 색이 물들어 갑니다. 그러나 단풍은 색소가 더해지는 것이 아니라 이미 잎 안에 들어 있던 색소가 겉으로 드러나는 것입니다.

봄과 여름, 나뭇잎은 '엽록소'라고 하는 초록색 색소 때문에 모두 초록빛을 띱니다. 하지만 가을이 되면서 날씨가 추워지면 엽록소는 분해되어 없어지기 시작합니다. 그러면서 나뭇잎 속에 들어 있던 다른 색깔의 색소가 보이게 되는데, 그것이 바로 단풍으로 물드는 과정입니다. 붉은색으로 물드는 단풍잎은 '안토시안'이라고 하는 색소 때문이고, 노란색으로 물드는 은행잎은 '카로틴'이라고 하는 색소 때문입니다.

저는 가끔 이런 단풍잎을 보면서 우리 인생과 닮았다는 생각을 합니다. 봄, 여름과 같이 인생의 화려한 날에는 다 똑같이 초록빛을 띠지만, 인생의 추운 계절이 찾아오면 비로소 엽록소와 같은 우리의 장막집이 무너지면서 예수 그리스도의 붉은 피가 드러나는 것입니다. 우리 안에 예수님이 계시다면 우리는 단풍나무처럼 아름답게 변화되겠지요. 그러나 그렇지 않다면 완전히 다른 모습을 하게 될 것입니다.

단풍잎의 색깔이 더 아름다우려면 햇볕을 많이 받아야 하고 찬바람을 맞아야 합니다. 그래서 일조량이 많고 아침저녁으로 일교차가 큰 가을에 단풍이 더욱 아름다워집니다.

우리가 예수님으로 물들어갈 때에도 마찬가지입니다. 단풍잎이 햇볕을 많이 받아야 아름답게 물드는 것처럼 우리도 하나님을 더욱 바라보며 은혜를 많이 받아야 하고, 아침저녁으로 찬바람을 맞듯이 많은 고난과 어려움을 견뎌냈을 때 우리 신앙의 모습도 더욱 아름답게 물들어 갈 것입니다.


## 오존층은 하나님의 지혜입니다

적외선은 '가시광선의 빨간색 빛 밖에 있는 빛'이라는 뜻입니다. 그리고 자외선은 '보라색 빛 밖에 있는 빛'이라는 뜻입니다.

원적외선, 근적외선이라는 말을 들어 봤을 것입니다. 가시광선을 중심으로 멀리 있는 적외선을 '멀 원'(遠)자를 써서 원적외선이라고 부르고, 가시광선에 더 가까이에 있는 적외선은 '가까울 근'(近)자를 써서 근적외선이라고 부릅니다.

문제는 자외선입니다. 강한 자외선은 백내장과 피부암에 걸리게 합니다.<sup>♣</sup> 그래서 자외선 지수가 높은 여름철에는 반드시 선글라스를 끼고 자외선 차단제를 발라 자외선으로부터 우리 몸을 지켜야 합니다.

자외선은 가시광선에서부터 점점 멀어지는 순서대로 자외선A, 자외선B, 자외선C로 나눕니다. 에너지가 너무 강한 자외선C는 파장이 짧아서 태양에서 출발해 지구로 들어오다가 대기 중에 있는 공기 입자들에 의해서 다 차단이 됩니다. 그런데 에너지가 중간 정도로 강한 자외선B는 대기를 통과해서 들어

♣ **자외선의 피해**
백내장과 피부암을 유발하는 자외선은 자외선B입니다. 자외선A는 피부 속까지 침투하여 주름과 색소 침착, 탄력 저하 등을 일으켜서 피부 노화를 일으킵니다.

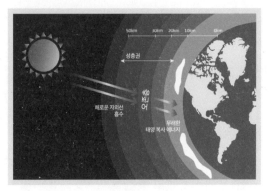

오존층

와 우리 몸과 동식물에 해를 입힙니다. 하나님은 이러한 자외선을 차단시키기 위해 지구의 대기 중에 오존층을 만드셨습니다.

오존층은 지상에서부터 20킬로미터 높이에서 시작하여 약 10킬로미터의 두께로 지구 전체를 감싸고 있습니다. 마치 두꺼운 방어막을 쳐서 지구 전체를 보호하는 것과 같습니다. 하나님은 지구에 있는 오존의 90퍼센트를 여기에 다 모아 두셨습니다.

그런데 1985년, 영국의 조사팀이 남극 하늘의 오존층에 구멍이 난 것을 발견했습니다. 구멍은 미국 면적의 두 배, 남극 대륙의 두 배 크기로 엄청나게 컸습니다. 과학자들이 조사를 해보니 프레온 가스가 그 원인이었습니다.

프레온 가스는 냉장고나 에어컨에서 냉매로 사용되는 물질로, 우리가 무더위 속에서도 시원하게 살 수 있도록 만들어 주는 화학물질입니다. 초기에는 암모니아를 사용했는데, 성능이 좋지 않아서 염소와 불소와 탄소로 만들어진 염화불화탄소(CFCs)라고 하는 새로운 물질을 개발한 것이 바로 이 프레온 가스였습니다. 이때부터 우리는 시원한 바람을 내는 에어컨, 음식을 차갑게 보관해 주는 냉장고를 마음껏 사용할 수 있게 되었습니다. 사람들은 너무나 획기적인 신물질이 개발되었다며 좋아했습니다.

프레온 가스가 하늘로 올라가서 오존층을 파괴할 줄 누가 알았을까요? 그 피해를 아무도 예측하지 못 했기 때문에 사람들은 프레온 가스의 유출을 가볍게 여겼습니다. 그런데 프레온 가스가 오존층까지 올라가면 에너지가 강한 자외선B를 만나 분해가 되고, 분해되어 나온 염소원자 하나가 오존을 10만 개 이상을 파괴한다는 것을 알게 되었던 것입니다.

하나님은 사람과 모든 생태계를 위하여 유익한 빛을 만들어 주시고, 해로운 빛으로부터 우리를 보호하기 위해 오존층을 만들어 강한 에너지의 자외선을 차단시켜 주셨는데, 사람들은 조금 더 편리한 삶을 위해 이 오존층을 파괴하고 말았습니다. 사람이 만든 물질이 결국 하나님의 은혜로 주신 것을 파괴한 것입니다. 사람의 지혜는 하나님의 지혜와는 비교도 할 수 없다는 것을 다시 한 번 깨닫습니다.

1996년, 세계적으로 프레온 가스의 생산을 중단했습니다.♣ 이후로는 염소가 들어 있지 않은 새로운 냉매물질♣을

♣ 프레온 가스 사용금지
1989년 몬트리올 협정에 의해서 1996년부터 생산이 금지되었고, 전 세계적으로 2010년에 사용이 완전 금지되었습니다. 하지만 일부 국가에서는 여전히 몰래 사용하고 있습니다.

♣ 프레온 대체물질
프레온 가스에 들어 있는 염소가 오존을 파괴하기 때문에 염소가 들어 있지 않은 과불화탄소와 수소화불화탄소를 대신 사용하고 있습니다. 이 대체물질들은 오존층을 파괴하지 않지만 이산화탄소의 수백 배에서 만 배에 해당하는 온실효과를 내는 물질이어서 지구온난화에는 큰 영향을 미칠 수 있습니다.

개발하여 사용하게 되었습니다. 생산이 중단된 지 20년이 지난 지금 남극에 있는 오존층의 구멍은 조금씩 회복이 되고 있습니다. 그런데 문제는 사람들이 가장 많이 살고 있는 중위도지방의 오존층은 회복되지 않고 오존 농도가 계속 줄어들고 있다는 것입니다. 프레온 가스 외에도 염소를 포함하고 있는 대기오염물질들이 아직도 대기 중으로 버려지고 있기 때문입니다.

### 영적 그림자가 보이면 빛 되신 하나님을 보십시오

성경은 "하나님은 빛이시라"(요일 1:5)고 말씀하고 있습니다. 태초에 만들어진 빛처럼 빛 되신 하나님은 우리에게 영적인 힘을 주시고, 영적 어두움을 몰아내 주시며, 영적인 다채로움도 선물로 주십니다. 천국에는 등불과 햇빛이 필요 없습니다. 왜냐하면 빛이 되신 하나님이 계시기 때문입니다.

> 다시 밤이 없겠고 등불과 햇빛이 쓸 데 없으니 이는 주 하나님이 그들에게 비치심이라 계 22:5

또한 천국에는 하나님의 빛이 충만하기 때문에 그림자도 없습니다(약 1:17). 천국에는 그림자가 없지만 이 땅에는 그림자가 있습니다. 그림자는 빛이 지나가는 곳에 어떤 물체가 서

성경 속 환경이야기

있을 때 빛이 그 물체를 통과하지 못해서 빛 반대쪽이 어두워지는 것입니다. 그래서 우리 눈에 그림자가 보인다면 우리가 해를 등지고 서 있다는 뜻입니다.

세상에서 우리는 늘 그림자가 따라다니는 삶을 살아가고 있습니다. 영적인 그림자도 마찬가지입니다. 내 눈에 영적인 그림자가 보인다면 뒤를 돌아서 빛 되신 하나님을 바라봐야 합니다. 그럴 때 더 이상 그림자는 보이지 않게 됩니다.

물론 이 땅에서 살면서 그림자가 없을 수는 없을 것입니다. 그러나 그림자의 어두움을 바라보며 힘들게 살 것이 아니라 빛 되신 하나님을 바라보며 늘 밝게 살면 이 세상에서도 그림자 없는 천국의 삶을 살 수 있을 것입니다.

## 우리는 달빛 같은 존재입니다

예수님은 영적으로 어둠이 가득한 이 땅에 빛으로 오셨습니다.

> 예수께서 또 말씀하여 이르시되 나는 세상의 빛이니 나를 따르는 자는 어둠에 다니지 아니하고 생명의 빛을 얻으리라 요 8:12

어두웠던 이 땅에 하나님의 빛이 비쳤습니다. 예수님은 이 땅에 밝고 따뜻하고 아름다운 영적인 빛을 주셨습니다. 생명의 빛인 예수님을 영접하면 우리는 더 이상 영적인 어둠에 다니지 않게 됩니다. 그뿐만 아니라 생명의 빛이 임해 구원을 받고 하나님의 자녀가 되어서 영생을 누리게 됩니다.

예수님은 그 빛 된 사명을 이제 우리에게 위임해 주셨습니다.

> 너희는 세상의 빛이라 산 위에 있는 동네가 숨겨지지 못할 것이요 사람이 등불을 켜서 말 아래에 두지 아니하고 등경 위에 두나니 이러므로 집 안 모든 사람에게 비치느니라 이같이 너희 빛이 사람 앞에 비치게 하여 그들로 너희 착한 행실을 보고 하늘에 계신 너희 아버지께 영광을 돌리게 하라  마 5:14-16

우리는 달과 같은 존재입니다. 태양은 스스로 빛을 만들어 내지만 달은 태양빛을 반사시켜 빛을 비춥니다. 우리는 태양처럼 스스로 빛을 만들어 낼 수 있는 존재가 아닙니다. 달처럼 예수님의 빛을 받아서 세상에 비추는 존재입니다.

달이 태양을 마주보고 있을 때에는 보름달이 되어서 밝은 빛을 비추지만, 다른 곳도 함께 바라보고 있으면 때로는 반달, 때로는 초승달이 되어 빛이 줄어듭니다. 우리가 세상의 빛을 비추는 삶을 살 때에도 온전히 하나님만 바라보며 예수님의 빛이 우리 안에 충만하게 되어야 보름달처럼 환하게 세상을 비출 수 있습니다.

성경 속 환경이야기

너희는 다 빛의 아들이요 낮의 아들이라 우리가 밤이나 어둠에
속하지 아니하나니  살전 5:5

일어나라 빛을 발하라 이는 네 빛이 이르렀고 여호와의 영광이
네 위에 임하였음이니라  사 60:1

빛의 자녀가 된 우리는 이제 일어나 그 빛을 발하며 살아
야 합니다. 어둠으로 가득한 이 세상을 밝게, 따뜻하게, 아름
답게 비추며, 우리가 있는 곳을 작은 천국으로 만들어 하나님
께 영광을 돌리며 살아야 합니다.

## 빛 공해

2013년부터 시행된 '빛 공해 방지법'은 부적절한 인공조명의 사용으로 국민의 쾌적한 생활을 방해하거나 환경에 피해를 주는 것을 빛 공해로 정의하고, 1종~4종으로 구역을 나누어서 조명 환경을 관리하고 있습니다. 1, 2종은 국립공원, 농림지역과 같은 곳이고, 3종은 주거지역, 4종은 상업 및 공업지역 등입니다.

## 오존층의 자외선 차단

자외선은 가시광선보다 파장이 짧아서 에너지가 더 큽니다. 가시광선 파장의 범위는 380~750나노미터입니다. 자외선A는 가시광선에서 제일 가까운 자외선으로, 파장 범위는 320~380나노미터입니다. 자외선B의 파장 범위는 280~320나노미터이고, 자외선C는 200~280나노미터입니다.

그중 자외선B는 피부에 홍반과, 심할 경우 피부암을 일으키고, 눈 각막의 단백질을 변형시켜서 백내장을 유발합니다. 또 동물의 면역기능과 식물의 생산성을 저하시킵니다. 이러한 자외선B는 오존층에서 주로 걸러집니다.

오존층에서 자외선C가 산소분자($O_2$)에 흡수되면 산소분자가 두 개의 산소원자(O)로 분해되고, 산소원자들은 다른 산소분자와 결합해서 오존($O_3$)을 만듭니다. 또 이 오존분자는 자외선B를 흡수하고 다시 산소분자와 산소원자로 분해됩니다. 이렇게 산소분자가 오존이 되었다가 오존이 다시 산소분자가 되는 과정을 반복하면서 자외선C와 자외선B를 계속 흡수하는 것입니다.

## 오존층 파괴

'프레온'은 미국의 화학 회사 듀퐁이 개발한 냉매인 염화불화탄소(CFCs)의 상품 이름입니다. 나일론이 듀퐁사가 개발한 폴리아미드계 합성섬유의 상품 이름인 것과 비슷합니다.

대기로 배출된 프레온 가스는 오존층에 올라가서 자외선B에 의해 분해되는데, 이때 염소원자(Cl)가 만들어집니다. 염소원자는 오존을 분해하여 산소분자를 만들고, 또 오존을 만드는 원료인 산소원자와도 결합하여 산소분자를 만들어 버립니다. 그래서 염소원자는 오존을 분해하지만 오존이 만들어지는 것도 방해합니다. 이 염소원자는 오존층에서 약 100년 동안 머무르면서 10만 개 이상의 오존을 분해합니다.

## 자외선 차단제는 정말 도움이 될까?

자외선 지수는 해가 가장 높이 떠올랐을 때 지표면에 도달하는 자외선B의 양을 나타내는 지수로, 0에서 9까지 10등급으로 구분합니다. 일기예보에서는 이 자외선 지수를 매우 낮음(0~2.9), 낮음(3~4.9), 보통(5~6.9), 강함(7~8.9), 매우 강함(9이상)으로 발표하는데, 자외선 지수가 강함 이상일 때는 외부 활동을 삼가는 것이 좋습니다.

자외선 차단제는 유리처럼 자외선A를 차단할 수 있는 고체 성분(이산화티타늄, 산화아연 등)과 자외선B를 흡수하는 유기화합물(아미노벤조산, 벤조페놀 등)이 포함되어 있습니다. 이 성분들은 피부에 닿기 전에 자외선을 반사하거나 흡수해서 피부가 자외선에 의해 피해를 입지 않도록 해줍니다. 마치 피부의 오존층 같은 역할을 하는 것입니다.

자외선B의 차단 지수인 SPF(Sun Protection Factor)는 숫자가 클수록 자외선 차단 효과가 큽니다. 그 숫자는 숫자를 분모로 하고 분자를 1로 계산한 만큼 자외선을 통과시킨다는 것을 의미합니다. 예를 들면, SPF10은 자외선의 1/10, 즉 10퍼센트는 통과시키고 90퍼센트는 차단한다는 뜻입니다. 또 SPF50은 1/50, 즉 2퍼센트의 자외선은 피부에 도달하지만 98퍼센트는 차단된다는 뜻입니다.

PA(Protection Grade of UV-A)는 자외선A를 차단하는 정도를 나타내는 것으로 +가 많을수록 차단 효과가 더 크다는 뜻입니다. 예를 들면, PA+++가 PA+보다 자외선A의 차단 효과가 더 큽니다.

빛도 공해가 될 수 있습니다. 교회의 조명이나 사업장 옥외 간판의

조명이 이웃 주민들의 수면을 방해하지 않도록 야간에는 소등합

시다. 불필요한 조명을 소등하는 일은 에너지의 절약과 지구온난

화를 막는 길이기도 합니다.

## 3
# 에덴의 하늘엔 미세먼지가 없다

　　남산타워의 조명 색깔은 빨간색이었다가 파란색도 되었
다가 초록색이 되기도 합니다. 조명의 색이 미세먼지 농도를
나타내고 있기 때문입니다.

　　보통 미세먼지 농도를 예보할 때는 색깔로 그 정도를 구
분합니다. 빨간색이면 매우 나쁨, 주황색이면 나쁨, 초록색이
면 보통, 파란색이면 좋음을 나타냅니다. 남산타워의 조명 색
이 미세먼지의 농도에 따라 비춰질 정도로 많은 사람들이 미
세먼지를 늘 신경 쓰고 주의를 기울이고 있습니다.

　　요즘은 미세먼지만 없어도 하늘이 맑다고 말합니다. 그렇
다면 태초에 하나님이 만들어 주신 하늘은 얼마나 맑았을까
요? 저는 몽골에 단기선교를 갔을 때 그곳 하늘의 파란 빛깔
을 잊을 수가 없습니다. 밤하늘의 별들은 또 얼마나 많던지,
밤에 차를 타고 이동을 하다가 일행들과 잠시 멈춰 한참 동안
하늘을 쳐다보며 감탄했던 기억이 납니다.

성경 속 환경이야기

하나님은 우리에게 맑고 아름다운 하늘을 선물로 주셨는데, 요즘 하늘은 온통 미세먼지와 각종 대기오염물질들로 가득해져 버렸습니다. 하지만 우리가 이런 오염물질보다 먼저 관심을 가져야 할 것이 있습니다. 그것은 바로 하늘을 가득 채운 공기입니다.

## 비가 오는 것만으로 정화할 수 있었습니다

하나님이 궁창을 하늘이라 부르시니라   창 1:8a

하나님은 태초에 하늘을 만드시고 공기로 가득 채우셨습니다. 이 공기는 색도, 냄새도 없는 투명한 기체입니다. 그중에서 사람과 모든 생물체에게 가장 중요한 기체는 바로 산소와 이산화탄소입니다. 식물은 이산화탄소로 광합성을 하여 열매를 만들면서 산소를 뿜어내고, 동물은 산소로 호흡을 하며 에너지를 얻고 이산화탄소를 내뱉습니다. 오묘하게도 동물과 식물이 서로 공기를 주고받으며 서로의 필요를 채워 주고 있는 것입니다.

그런데 이렇게 소중한 공기를 사람들이 오염시키고 있습니다. 사람은 단 몇 분이라도 숨을 쉬지 못하면 생명이 위태로워집니다. 공기 없이 살 수 있는 사람은 아무도 없습니다. 그런데도 우리는 맑은 공기의 고마움을 모르고 살아갑니다. 흔하기 때문에 당연하게 여기며 감사하지 못하고 살아가는 것입니다.

과거에 "앞으로는 물을 사 먹는 시대가 올 것"이라는 이야기를 하면 아무도 믿지 못했습니다. 그러나 지금은 물을 사먹는 것이 당연해졌습니다. 이러다간 공기까지 사서 마셔야 하는 날이 올 것 같습니다.

공기를 오염시키는 물질은 자연적으로도 발생합니다. 화산 폭발이나 산불 때문에도 공기는 오염될 수 있습니다. 그러나 환경은 스스로 정화할 수 있는 능력이 있습니다. 그중 하나가 숲입니다. 하나님은 숲의 나무가 수많은 이산화탄소를 마시고 산소를 만들어 냄으로써 공기를 정화하도록 만들어 주셨습니다. 또 비를 내려 미세먼지는 물론 여러 오염물질들을 걸러서 공기가 늘 깨끗할 수 있게 하셨습니다. 그래서 비가 오는 것만으로도 대기질이 좋아질 수 있습니다. 비는 단순히 땅에 물을 공급해 주는 것 이상으로 공기를 맑게 하고 하늘의 환경이 스스로 깨끗하게 유지될 수 있도록 합니다.

그런데 문제는 대기 중 먼지와 오염물질들은 점점 더 많아지는데 숲은 점점 줄어들고 있다는 것입니다. 또한 대기오염의 정도가 너무 심해 비가 오는 것만으로 정화될 수 있는 범위를 넘어서고 있다는 것입니다.

성경 속 환경이야기

## 미세먼지 없는 맑은 하늘을 꿈꿉니다

매일 일기예보를 보면서 꼭 확인하는 것이 있습니다. 바로 미세먼지 수치입니다. 미세먼지가 심한 날은 반드시 마스크를 착용하기도 하고, 야외활동을 제한하기도 합니다.

미세먼지는 말 그대로 크기가 작은 먼지로, 지름이 10마이크로미터보다 작은 미세먼지(PM10)와 지름이 2.5마이크로미터보다 더 작은 초미세먼지(PM2.5)로 나눕니다. 미세먼지는 사람의 머리카락 굵기의 1/5보다 작고, 초미세먼지는 1/20보다도 더 작습니다.

사실 사람이 살아가다 보면 먼지는 늘 생기게 마련입니다. 그러나 문제는 미세먼지의 크기가 너무 작다는 것입니다. 우리 몸은 코와 입 속에서 먼지를 걸러 낼 수 있게 만들어져 있습니다. 그런데 그 크기가 너무 작으면 먼지들은 우리 몸속으로 들어와 폐의 세포에 박히거나 혈관을 따라 몸 속 깊숙이 이동하기 때문에 다시 빠져나오지 않고 몸속에 쌓이게 됩니다. 그 결과로 기관지염, 천식, 폐암 등과 같은 각종 병을 유발하고, 생명에까지 지장을 줄 수 있습니다.

예전에는 미세먼지를 말할 때 황사가 대표적이었습니다. 황사는 봄철에 중국이나 몽골의 사막으로부터 바람을 타고 날아오는 미세한 황토 먼지입니다. 그런데 요즘에는 사계절 내내 미세먼지가 기승입니다. 화력발전소나 공장, 자동차나 가정의 보일러에서 연료를 태울 때 발생하는 황산화물[+]과 질

♣ 황산화물(SOx)
가스상 대기오염물질로, 석탄과 같은 황이 포함된 연료를 연소할 때 발생합니다. 그 자체로도 호흡기 질환을 일으키지만, 암모니아와 반응하면 황산암모늄을 생성하면서 미세먼지를 만들고, 빗물을 만나 황산으로 변해서 산성비를 만드는 2차 오염물질이 됩니다.

♣ 질소산화물(NOx)
가스상 대기오염물질로, 자동차 엔진 속과 같은 높은 온도에서 공기 중에 있는 질소가 분해되면서 만들어집니다. 호흡기 질환을 일으킬 뿐 아니라 미세먼지와 광화학스모그와 산성비의 원인이 되고, 지구온난화와 오존층 파괴도 일으킵니다.

소산화물*이 공기 중에 있는 다른 물질들과 결합해서 미세한 먼지를 만들어 내고 있기 때문입니다. 기체였던 것이 화학반응으로 세미한 입자를 형성하기 때문에 초미세먼지도 많이 발생하는 것입니다.

그뿐만 아니라 미세먼지의 원인 물질은 안개와 만나면 스모그를 만들기도 하고 구름 속에서 수분과 만나 산성비를 만들기도 합니다. 이런 대기오염 때문에 눈이 따갑고 목도 아프고 기침도 나며 머리도 아프게 됩니다. 황사나 미세먼지들은 대기 중에 있는 독성 물질을 싣고 폐 속 깊숙이 들어오기 때문에 더 위험합니다. 대기오염은 사람과 동물뿐 아니라 식물들에게도 해로워서 농작물의 피해도 많이 주고 있습니다.

도시의 대기오염은 대부분 자동차 배기가스가 그 원인이기 때문에 조금 불편해도 버스나 지하철 같은 대중교통을 이용하는 것이 큰 도움이 될 수 있습니다. 또 전기를 아껴 쓰면 발전소에서 발생되는 오염물질도 훨씬 줄일 수 있습니다.

하루가 멀다 하고 미세먼지가 기승을 부릴 때, 하나님 앞에 우리 모습이 저 뿌연 하늘처럼 보이지는 않을까 생각한 적이 있습니다. 언젠가 어느 분이 하나님 앞에 시원한 냉수 같은 사람이 되고 싶다고 하는 기도를 들었는데, 저는 하나님께 미세먼지 없는 맑은 하늘 같은 사람이 되고 싶다는 기도가 나옵니다.

## 하나님의 선물 오존이 위험해졌습니다

오존층에 있는 오존은 피부에 해로운 자외선B를 차단해 주기 때문에 우리에게 아주 유익하다는 사실을 앞 장에서 설명했습니다. 이러한 오존은 산화력이 강해서 살균할 때도 많이 쓰입니다. 우리나라는 수돗물을 살균할 때 염소를 사용하지만 외국에서는 오존을 사용하기도 합니다. 또 차 안이나 집 안을 살균할 때도 오존을 사용합니다.

그런데 오존에는 또 다른 얼굴이 있습니다. 그것은 오존이 대기오염물질이라는 것입니다. 오존은 산화력이 강하고 독해서 사람이나 동식물이 직접 흡입하게 되면 해롭습니다. 이러한 오존은 주로 오존층이 있는 곳에서 만들어져야 하는데, 여름에 햇볕이 강하면 우리가 살고 있는 지상에서도 만들어집니다. 자동차 배기가스에서 나오는 오염물질이 강한 햇볕을 받으면 만들어지는 것입니다. 그래서 햇볕이 강한 여름에 오존주의보가 발령될 때가 있습니다.

오존 농도가 높아지면 외출을 자제해야 합니다. 오존은 가스이기 때문에 미세먼지를 걸러 주는 마스크를 써도 소용이 없습니다.

오존 오염의 경보는 시간당 0.12ppm 이상일 때 오존주의보를 내리고, 시간당 0.3ppm이상일 때 오존경보, 0.5ppm이상일 때 오존중대경보를 내립니다. 오존경보가 내려졌을 때 대기질의 상태는 살균제가 잔뜩 들어 있는 공기와도 같습니다.

그래서 호흡할 때마다 마치 살균제를 들이마시는 것 같기 때문에 정말 조심해야 합니다.

사실 오존은 자외선으로부터 인간을 보호하고 살균 작용을 해주는 좋은 것이었습니다. 그러나 있어야 할 곳이 아닌 다른 곳에서 발생하면서 오히려 인간에게 해를 입히는 물질이 되었습니다. 하나님이 유익하게 만들어 주신 오존이 인간이 만들어 낸 오염물질들 때문에 오히려 해로운 물질로 탈바꿈되어 버리고 만 것입니다.


## 은혜의 비가 산성비가 되었습니다

하늘에는 구름이 있어서 때에 따라 비를 내립니다. 구름은 오존층이 있는 성층권 아래의 대류권에서만 만들어집니다. 그래서 비행기를 타고 하늘 높이 올라가면 구름이 비행기 아래에 있는 것입니다. 미국으로 유학 가던 날, 저녁 비행기를 탔을 때 비행기 아래 구름 위로 석양의 붉은 노을이 깔리던 장관을 아직도 잊을 수가 없습니다.

하나님은 천지를 만드시고 처음에는 비를 내리지 않으셨습니다. 안개만 지면에서 올라와 온 땅을 적셨습니다. 어느 때부터인가 하나님은 때를 따라 비를 내려 주셨고, 농사를 지을 수 있게 해주셨습니다. 파종하기 전에 내리는 비를 '이른 비'라고 하고 곡식이 영글 무렵에 내리는 비를 '늦은 비'라고 합니다. 이른 비와 늦은 비로 때에 맞게 농사에 필요한 비를 내려 주셨던 것입니다.

비는 구름에서 만들어집니다. 구름에 수분이 쌓여서 무거워지면 땅으로 떨어지기 시작합니다. 이른 비와 늦은 비는 우리의 필요를 준비하시는 하나님, 그리고 때에 맞게 내려 주시는 하나님의 은혜를 가리킵니다.

> 여호와께서 너희의 땅에 이른 비, 늦은 비를 적당한 때에 내리시리니 너희가 곡식과 포도주와 기름을 얻을 것이요
> 신 11:14

이슬은 비와 조금 다릅니다. 이슬은 기온이 이슬점 아래로 내려갈 때 공기 중의 수증기가 응축되어서 생기는 것입니다. 그래서 아침이 되면 거의 날마다 이슬이 내립니다. 그래서 '이슬 같은 하나님의 은혜'는 늘 우리와 함께하시면서 날마다 조금씩 만나처럼 내려 주시는 은혜라고 볼 수 있습니다.

> 내가 이스라엘에게 이슬과 같으리니 그가 백합화 같이 피겠고 레바논 백향목 같이 뿌리가 박힐 것이라   호 14:5

하나님은 이 땅에 이슬과 비를 내리셔서 식물이 자라게 하셨듯이 우리에게도 영적인 비와 이슬의 은혜를 내려 주십

니다. 그런데 이렇게 좋은 비와 이슬이 산성비♣와 산성이슬이 되어 버렸습니다.

보통 비는 대기 중에 녹아 있는 이산화탄소 때문에 약한 산성(pH 5.6)을 띱니다. 그러니까 비는 모두 탄산수인 것입니다. 그런데 대기 중에 오염물질들이 많으면 이것들이 빗물에 녹아서 pH가 5.6보다 더 낮은 산성비가 됩니다. 대기오염물질인 황산화물과 질소산화물들이 빗물에 녹으면 강산인 황산과 질산이 되기 때문에 그런 것입니다.

산성비가 내리면 강이나 호수가 산성화 됩니다. 그래서 호수나 강바닥에서 해로운 중금속들이 녹아 나오고, 그 독성 때문에 물고기와 물속 식물들이 죽게 됩니다.

또 산성비가 땅에 내리면 땅속에 들어 있는 미네랄이나 음이온들을 녹여 버립니다. 그러면 흙에 영양분이 없어져 식물이 잘 자랄 수 없게 됩니다. 또 산성비 때문에 흙에서 녹아 나온 알루미늄이온은 독성을 가지고 있어서 식물들에게 해를 끼칩니다.

산성비는 사람들에게도 눈과 피부에 자극을 주어서 해롭습니다. 그뿐만 아니라 금속이나 대리석으로 만든 문화재들을 부식시켜서 손상시킵니다. 그래서 우리나라의 문화재뿐 아니라 세계적으로 많은 문화재가 산성비로 피해를 입고 있습니다.

하나님은 사람들이 농사를 짓고 살 수 있도록 때에 따라

성경 속 환경이야기

필요한 비를 내려 주셨는데, 우리는 공기를 오염시켜서 산성비로 만들어 버렸습니다. 비가 오히려 농작물에 피해를 주고 땅과 물, 생태계와 사람에게도 피해를 끼치는 것이 되어 버렸습니다. 이 모든 것은 우리의 책임입니다. 비가 더 이상 생태계에게 해가 되지 않고 때마다 내리는 은혜의 비가 될 수 있도록 되돌려 놓아야 합니다.

## 지구온난화가 하나님의 은혜를 해칩니다

요즘 여름에 40℃가 넘는 날씨가 많아지고 있습니다. 이런 폭염은 지구온난화 때문에 점점 더 심해지고 있습니다. 전문가들은 우리나라가 2050년이 되면 여름이 5~9월까지 지속되는 아열대기후로 변할 것으로 예상하고 있습니다. 그렇게 되면 낮 최고기온이 33℃가 넘는 폭염 일수가 최근 30년 동안의 평균 폭염 일수보다 다섯 배가 더 많아지고, 밤 기온이 25℃ 이상인 열대야 일수도 30일 이상 더 길어지게 될 것입니다.

지구온난화는 폭염과 더불어서 슈퍼태풍과 폭우, 홍수와 가뭄, 폭설과 한파 같은 이상기후를 일으킵니다. 그뿐만 아니라 해수면의 상승, 농작물 생산량의 감소, 동식물의 멸종, 각종 열대성 전염병의 유행 등 다양한 피해를 주고 있습니다.

지난 100년 동안 지구의 평균 온도는 0.6℃ 정도 올랐고 해수면의 높이는 약 23센티미터 정도 높아졌는데, 2100년이 되면 지구의 평균 온도가 5℃ 이상도 오를 수 있고, 빙하가 모두 녹으면 해수면의 높이는 1미터까지도 높아질 수 있을 것으로 예상하고 있습니다.

그 정도 변화로 지구에 뭐 그렇게 큰 일이 일어나겠나 싶겠지만, 지구는 평균 온도가 5℃ 정도 내려갔을 때 빙하기를 겪었습니다. 그러니 지구 생태계가 한 번도 경험해 보지 못한 이런 변화는 빙하기만큼이나 아주 충격적일 것입니다.

이렇게 심각한 문제를 일으키는 지구온난화♣의 원인은 의외로 간단합니다. 이산화탄소와 같은 온실가스의 배출 때문입니다. 사실 하나님이 처음 사람을 만드시고 에덴동산을 지으셨을 때 세상은 참 아름답고 살기 좋은 곳이었습니다. 에덴동산은 각종 과일나무가 있어 열매를 마음껏 먹을 수 있었고, 옷을 입지 않고도 살 수 있을 정도로 날씨도 온화했습니다. 노아의 홍수 이후에 추운 지방들도 생겨났지만 그래도 지구의 평균 온도는 15℃ 정도로 살기 좋은 날씨였습니다. 그것은 바로 온실효과 때문이었습니다.

지구를 감싸고 있는 대기는 사과 껍질에 비유될 정도로 매우 얇습니다. 그 대기 안에 하나님은 온실효과를 내는 기체들을 채워 주셨습니다. 바로 수증기, 이산화탄소, 오존, 메탄 등입니다. 이런 기체들을 온실가스라고 합니다.

이 온실가스들은 태양으로부터 들어오는 빛(자외선과 가시광선)은 통과시키지만, 땅에서 반사되어 다시 우주로 빠져나가는 열(적외선)은 적당히 막아 주어서 지구를 온실처럼 따뜻하게 만들어 줍니다. 만약 이 온실효과가 없었다면 지구의 평균 온도는 영하 20℃까지 떨어졌겠지만, 온실가스 덕분에 지구는 평균 15℃의 살기 좋은 온도를 유지하고 있습니다.

그런데 문제는 온실가스가 대기 중에 점점 많아지고 있는 것입니다. 산업혁명 이후에 에너지를 많이 사용하게 되면서 온실가스인 이산화탄소의 배출이 점점 많아졌습니다. 대기 중의 이산화탄소량의 증가 추세와 지구 평균 온도의 증가 추세를 비교해 보면 거의 동일한 증가 성향을 보이고 있습니다. 그래서 지구가 점점 더워지고 있는 것입니다.

생태계에게는 온도 변화의 속도가 가장 큰 문제입니다. 온도가 서서히 변한다면 동식물들이 적응할 수 있겠지만 이런 속도로 갑작스럽게 온도가 상승할 경우에는 수많은 동식물들이 적응하지 못하고 멸종될 수 있습니다. 해수면의 상승♣으로 남태평양의 투발루 같은 섬나라는 나라 전체가 바다에 잠겨서 사라질 위기에 처해 있습니다. 또 각 나라의 수많은 해안가 대도시들은 바닷물의 침수 피해가 일상이 되어 버릴 것입니다.

지구온난화는 남미의 태평양 연안에서 발생하는 엘니뇨와 라니냐를 더 자주 일으켜서 그 지역 국가들에게 가뭄과 홍수, 고온과 저온의 이상기후 피해를 주고 있습니다. 엘니뇨는 크리스마스 무렵에 남미 태평양 연안의 해수면 온도가 0.5℃

♣ 해수면의 상승
지구온난화로 인한 해수면의 상승은 빙하와 빙모(빙관)가 녹아서 바닷물의 양이 늘어나는 것이 원인이지만, 해수의 온도가 상승하면서 바닷물의 부피가 팽창하는 것도 큰 원인이 됩니다.

정도 더 높은 상태로 6개월 이상 지속되는 현상을 말합니다.

엘니뇨가 발생하면 동태평양의 따뜻한 바닷물을 서쪽으로 밀어 주는 무역풍이 약해져서 동남아시아의 우기(雨期)에 가뭄이 발생하고, 태평양 중부지역(대만, 일본 남부, 미국 남부와 중남미)에는 홍수가 발생합니다. 또 알래스카와 캐나다 서부에는 고온 현상과 미국 남동부에는 저온 현상이 나타납니다.

엘니뇨와 정반대의 현상으로 나타나는 것이 라니냐입니다. 이 라니냐는 남미 태평양 연안의 해수면 온도가 0.5℃ 더 낮은 상태로 6개월 이상 지속되는 현상입니다. 이때 일어나는 이상기후는 엘니뇨 때와 정반대의 현상으로 피해를 줍니다.

지구온난화는 다른 환경 문제에도 폭넓게 영향을 미치고 있습니다. 예를 들면, 폭염과 혹한으로 인한 에너지의 사용량을 증가시키고, 그것 때문에 대기오염이 증가하고, 이상기후로 인해서 토양의 황폐화와 사막화 등과 같은 다양한 환경 문제까지 유발시키고 있습니다. 지구온난화는 단순히 지구의 평균 온도가 올라가는 것에 그치지 않고 연쇄적이면서도 총체적인 환경 문제를 일으키고 있습니다. 전 인류와 생태계에게 큰 타격을 미칠 정도로 그 위력이 대단한 상태에 이미 와 있어서 다른 모든 환경 문제를 다 합친다고 하더라도 비길 수 없을 정도입니다.

하나님은 우리가 온화하게 살 수 있도록 이 땅에 온실효과를 만들어 주셨고, 인간이 살기에 최적화된 환경을 만들어 주셨습니다. 그런데 사람들이 에너지를 지나치게 많이 사용해서 환경에 재앙을 불러오게 되었습니다. 우리는 에너지 사용을 줄이고 지구가 에덴동산처럼 아름답고 살기 좋은 곳이 될 수 있도록 다 같이 노력해야 합니다.

> 그가 나를 푸른 풀밭에 누이시며 쉴 만한 물 가로 인도하시는도다 시 23:2

태초에 하나님이 인간을 아름다운 에덴동산에 살게 하신 것처럼, 우리는 하나님이 돌보아 주시는 영적인 에덴동산에서 살고 있습니다. 영적으로 늘 아름답고 살기 좋은 곳으로 인도하시고 돌보아 주시는 것을 누리십니까? 성경은 "주 예수 그리스도의 은혜와 하나님의 사랑과 성령의 교통하심이 너희 무리와 함께 있을지어다"(고후 13:13)라고 말씀합니다. 온실효과가 지구 생태계를 온화하게 지켜주듯이 삼위일체 하나님이 우리를 예수님의 은혜와 하나님의 사랑과 성령님의 교통하심으로 잘 돌보아 주고 계심을 깨닫고 그 은혜를 누릴 때 늘 감사하며 살게 될 것입니다.

**우리 삶을 하나님 성품으로 채우십시오**
성경에는 우리가 흔히 아는 하늘 외에 또 다른 하늘이 나옵니다. 주기도문에서 '하늘에 계신 우리 아버지여'라는 구절에 나오는 하늘입니다. 이 하늘은 하나님이 계신 영적인 하늘입니다. 사도 바울은 그 하늘을 셋째 하늘이라고 표현합니다(고후 12:2).

당시 유대인들은 하늘이 새가 날아다니고 구름이 있는 첫째 하늘과 금속판으로 경계가 있어 궁창 위의 물이 보관되어 있는 둘째 하늘, 그리고 하나님과 천사들이 거하는 셋째 하늘로 이루어져 있다고 생각했습니다.

하나님이 계시는 영적 하늘은 무엇으로 가득 차 있을까요? 아마 새가 날아다니는 하늘이 공기로 가득 차 있듯이 하나님이 계시는 곳에는 하나님의 성품이 가득 차 있을 것입니다. 그렇다면 하나님의 성품은 어떠하실까요? 성경은 "오직 만군의 여호와는 정의로우시므로… 거룩하신 하나님은 공의로우시므로"(사 5:16)라고 말씀하고 있습니다. 또 "하나님은 사랑이시라"(요일 4:16)고 말씀하고 있습니다. 하나님의 성품은 정의와 거룩과 공의와 사랑과 같은 것입니다. 이외에도 하나님의 성품은 공기 속에 여러 기체가 공존하듯이 참으로 다양합니다.

우리는 하늘나라의 시민입니다(빌 3:20). 그렇다면 우리 삶에도 거룩과 사랑 같은 하나님의 성품이 가득해야 합니다. 그러면 영적인 오염물질이 없는 맑고 깨끗한 영혼의 하늘을 우리도 만들어 갈 수 있을 것입니다.

하나님의 날이 임하기를 바라보고 간절히 사모하라 그날에 하늘이 불에 타서 풀어지고 물질이 뜨거운 불에 녹아지려니와 우리는 그의 약속대로 의가 있는 곳인 새 하늘과 새 땅을 바라보도다  **벧후 3:12-13**

마지막 날에는 지금의 하늘이 불에 타고 새 하늘이 나타날 것이라고 말씀합니다. 지금의 하늘도 잘 가꾸어야겠지만 우리의 믿음도 잘 가꾸어서 하늘엔 공기로 가득 차 있듯이 우리의 삶에는 하나님의 성품이 가득 차고, 우리가 살게 될 새 하늘도 사모하며 살아야겠습니다.

## 미세먼지

미세먼지는 자연적인 것과 인위적인 것이 있습니다. 자연적으로 발생하는 것은 흙먼지, 바다 물방울이 파도에 의해서 건조되면서 생기는 소금 가루, 식물의 꽃가루 등이 있습니다. 인위적으로 발생하는 것은 발전소나 공장, 자동차나 보일러에서 석유나 석탄을 태울 때 생기는 매연과 건설 현장이나 불법 소각 등으로 발생하는 먼지들이 있습니다.

하지만 처음부터 고체 상태로 발생되는 미세먼지보다 가스 상태로 배출된 황산화물과 질소산화물이 암모니아 같은 다른 오염물질들과 반응하여서 황산암모늄과 질산암모늄 같은 미세한 입자의 형태로 2차적으로 발생하는 초미세먼지가 더 문제입니다. 최근 수도권의 초미세먼지 중 2차적으로 생성된 비율이 60퍼센트가 넘고 있기 때문입니다.

## 스모그

스모그(smog)는 연기(smoke)와 안개(fog)를 합쳐서 만든 말입니다. 18세기 산업혁명 직후에 영국 런던에서 발생했던 짙은 회색 스모그는 석탄 매연 때문에 생긴 것이었습니다. 1952년

성경 속 환경이야기

런던에서 발생한 사고로 '런던형 스모그'라고 부릅니다. 요즘 도시에서는 갈색 스모그가 발생하고 있는데, 이 스모그는 자동차 배기가스 속에 있는 질소산화물이 햇볕에 의해서 다른 오염물질(탄화수소)과 광화학 반응을 일으켜 생성된 2차 생성물로 발생하는 것입니다. 그래서 '광화학 스모그'라고 부릅니다. 1943년 로스엔젤레스에서 처음 발생했기 때문에 '로스엔젤레스형 스모그'라고도 부르고 있습니다.

### 산성비

pH는 물속에 수소이온이 얼마나 많이 녹아 있는지를 나타내는 기호입니다. 순수한 물이 분해되어서 수소이온과 수산화이온이 똑같은 양으로 만들어질 때를 중성이라고 하고, 숫자는 7로 표시합니다. pH의 숫자가 7보다 작으면 수소이온이 더 많은 산성이라고 하며, 숫자가 7보다 크면 수소이온이 더 적은 알칼리성(염기성)이라고 합니다.

산성비는 pH가 5.6보다 더 낮은 비를 말합니다. 왜냐하면 순수한 비는 대기 중에 있는 이산화탄소가 녹아들어 있어서 pH가 5.6이기 때문입니다. 산성비는 대기오염물질인 황산화물과 질소산화물이 비에 녹아서 강산인 황산과 질산으로 변하기 때문에 발생하는 것입니다.

2016년 우리나라 비의 평균 pH가 서울은 5.1, 부산은 5.3, 대구는 5.3, 대전은 5.2, 인천은 4.9, 울산은 5.1, 안산은 4.8이었으니 대도시의 비는 거의 산성비였음을 알 수 있습니다. 세계적으로는 pH가 1.5 정도로 아주 심한 산성비가 내리는 곳도 있습니다.

## 오존

오존은 산화력이 매우 강한 물질입니다. 그래서 살균과 악취 제거에 유용하게 쓰입니다. 또 오존층에 있는 오존은 태양으로부터 들어오는 해로운 자외선을 막아 주는 보호막 역할도 합니다. 하지만 오존이 지표면에 있을 때는 사람과 동식물에게 매우 해롭습니다. 지표면에 있는 오존은 오존층에서 내려온 것이 아니라 대기오염물질인 질소산화물이 강한 햇볕에 의해서 다른 오염물질(탄화수소)과 반응하여서 만들어지는 2차 오염물질입니다. 이 오존은 또 다른 오염물질과 추가적으로 더 반응하여서 광화학 스모그를 발생시키는 원인 물질도 되고 있습니다.

## 생활 속 실천 tip

주일만이라도 대중교통이나 교회 셔틀버스를 이용하도록 권하고 정기적으로 '자동차 없는 주일' 같은 캠페인을 통해 즐거운 불편과 걷기를 생활화합시다. 숲속 야외예배를 통해 신선한 공기도 마시고 나무 심기도 하며 하나님께 감사하는 시간을 가집시다.

성경 속 환경이야기

# 4
## 생명의 물이 생명을 위협하다

지구는 우주에서 보면 아주 푸르게 보입니다. 지구 표면의 3/4이 바다로 이루어져 있기 때문입니다. 신기하게도 사람이나 생물들도 지구처럼 3/4이 물로 이루어져 있습니다. 물은 사람과 생태계에게 없어서는 안 되는 소중한 것입니다.

사람과 생물들은 물을 마시지 않으면 살 수가 없습니다. 사람은 음식을 먹지 않고도 오래 버틸 수 있지만 물은 마시지 않으면 일주일정도 밖에 버티지 못합니다. 사람은 물이 1~3퍼센트만 부족해도 심한 갈증을 느끼고, 5퍼센트가 부족하면 혼수상태에 빠지며, 12퍼센트 이상 부족하면 목숨을 잃게 됩니다. 사람은 하루에 평균적으로 약 2.5리터 정도의 물을 마시고, 큰 참나무 한 그루는 약 100리터의 물을 빨아들인다고 합니다.

창세기 1장에서는 하나님이 물을 만드시고 하늘 위의 물과 하늘 아래의 물로 나누시고, 하늘 아래의 물을 한 곳으로 모아서 바다라고 부르셨다고 기록하고 있습니다.

> 하나님이 궁창을 만드사 궁창 아래의 물과 궁창 위의 물로 나
> 뉘게 하시니 그대로 되니라  창 1:7

지구에 있는 물은 대부분 바닷물입니다. 우리가 마실 수 있는 물은 지구 전체 물의 1퍼센트도 안 됩니다. 그것도 오염이 되어서 먹을 수 있는 물이 점점 줄어들고 있습니다. 우리나라는 강과 호수가 많지만 물 부족 국가로 분류되고 있습니다. 그 이유는 강우량의 불균형과 수질오염으로 식수, 농업용수, 공업용수로 이용할 수 있는 물이 부족하기 때문입니다. 예전에는 개울에서 수영도 하고 샘물의 물도 안심하고 마셨지만 요즘엔 그렇지 않습니다.

## 물 하나도 세심하게 만드셨습니다

물은 참 신기한 물질입니다. 물($H_2O$)은 수소원자(H) 두 개와 산소원자(O) 한 개가 결합해서 만들어진 물질인데, 산소 원자와 결합하고 있는 두 개의 수소원자의 각도가 104.5°로 절묘하게 V자형 구조를 가지고 있습니다. 물이 얼어서 고체가 되면 그 각도로 서로 연결되기 때문에 육각형 구조를 이루게 됩니다. 그래서 눈 결정이 아름다운 모양을 띄게 되는 것입니다.

그런데 물은 얼 때만 서로 연결되는 것이 아니라 액체 상태에서도 서로 엉켜서 물 분자 수십 개가 뭉쳐서 다닙니다. 이것은 '수소결합'이라고 하는 분자들의 결합 때문입니다. 물 분자는 작은 분자에 속하지만 제법 큰 분자인 물질인 것처럼 행동하기 때문에 끓는점이 100℃나 되는 것입니다.

또 물은 열을 가해도 수온이 갑자기 올라가지 않습니다. 그것을 '열용량이 크다'고 하는데, 물의 온도가 1℃ 올라갈 때 흡수하는 열이 다른 물질들에 비해서 꽤 크기 때문입니다. 여름철 한낮에 백사장 모래와 자갈은 뜨겁지만 바로 옆 바닷물은 시원한 것이 그 이유입니다.

그리고 물은 열을 많이 저장하려는 성질이 있습니다. 뜨거운 여름에는 물 옆에 있는 것만으로도 시원한데, 물이 태양열을 흡수하여 주변을 시원하게 해주기 때문입니다. 또 물은 증발할 때도 많은 열을 흡수합니다. 무더운 날 마당에 물을 뿌려 놓으면 증발하면서 열을 빼앗아가기 때문에 주변이 시원해집니다.

대신 겨울이 되면 여름 동안 저장해 둔 열을 서서히 내뿜기 때문에 주변이 따뜻해집니다. 이런 성질 덕분에 바다는 여름철 태양빛이 뜨거워도 수온이 많이 올라가지 않고, 겨울에는 여름 동안 저장해 둔 열 때문에 수온이 많이 내려가지 않습니다. 덕분에 생물들이 여름에는 시원하게, 겨울에는 따뜻하게 살 수 있습니다.

물의 가장 신기한 성질은 얼음이 되었을 때 물보다 더 가벼워진다는 것입니다. 물을 제외한 대부분의 물질들은 고체가 되면 더 무거워서 물 아래로 가라앉는데, 물은 얼면 더 가벼워져서 얼음이 물에 뜹니다. 그런데 얼음이 되기 위해 분자들이 서로 결합하는 과정에서 각도 때문에 물 분자 사이에 공간이 생겨 부피는 커집니다. 그 결과 밀도♣가 더 작아지고, 그 때문에 얼음이 물에 뜨는 것입니다. 물병에 물을 가득 담아 얼리면 부피가 늘어나면서 그릇이 깨지는 것도 이런 이유입니다.

그런데 얼음이 물에 뜨는 것이 왜 중요할까요? 만약 얼음이 물보다 무거워서(밀도가 더 커서) 물에 가라앉는다면 물은 바닥에서부터 얼기 시작할 것입니다. 그러면 물속에 있는 식물과 물고기들이 다 얼어 죽게 되겠지요. 그런데 하나님은 물만큼은 얼었을 때 위로 뜨게 하셨습니다. 그래서 추운 겨울에는 얼음이 마치 이불처럼 물 위를 덮습니다. 그 덕분에 물 밖이 아무리 추워도 물속은 춥지 않습니다. 게다가 기온이 내려가면 내려갈수록 얼음이 더 두꺼워지기 때문에 물속 생물들은 더 두꺼운 이불을 덮게 됩니다. 이렇게 하나님은 물 하나를 만드시더라도 수생 생태계를 보호하기 위해서 세심하게 정성을 들이셨습니다.

♣ 밀도
물질의 질량을 부피로 나눈 값으로, 물질마다 고유한 값을 가지고 있습니다. 일반적으로는 고체가 가장 밀도가 크고 액체와 기체 순으로 작아지지만, 물은 고체가 되면서 수소 결합의 영향으로 부피가 더 커지기 때문에 얼음이 물보다 밀도가 작습니다. 그래서 물은 액체의 밀도가 가장 크고 그 다음에 고체, 기체의 순으로 작아집니다. 때문에 밀도가 작은 얼음이 밀도가 더 큰 물 위에 뜨는 것입니다.

성경 속 환경이야기

## 물의 오염은 인류의 생명을 위협합니다

그런데 사람들은 하나님의 세심한 창조물인 물을 오염시키고 있습니다. 가정에서 버리는 생활하수나 공장에서 배출하는 공장폐수, 농업시설이나 축산농가에서 만들어 내는 농축산폐수 등은 물을 오염시킵니다. 이런 물질들이 물속으로 흘러들어 수많은 생물들에게 고통을 주고 있습니다.

수질오염의 위험은 비단 동식물에게만 해당되는 것이 아닙니다. 우리나라에서도 한때 유독한 공장폐수를 정화하지 않고 강물로 흘려보내서 수질오염 사고가 발생한 적이 있습니다. 문제는 공장폐수나 농약으로 오염된 물에서 자란 물고기나 농산물을 우리가 먹게 되는 경우입니다. 독성 물질들은 우리 몸에 들어와 배출되지 않고 쌓여 치명적인 공해병을 일으킵니다.

1953년부터 일본의 구마모토현 미나마타시에서는 '미나마타병'으로 수십 명이 목숨을 잃은 사건이 있었습니다. 미나마타병은 수은으로 오염된 물에서 자란 물고기와 조개를 먹은 사람들에게서 발생했습니다. 또 1910년부터 진즈강 주변 주민들은 '이타이이타이병'으로 심한 고통을 호소하며 죽어 갔는데, 이 병은 카드뮴으로 오염된 강물을 마시거나 그 물로 재배한 쌀을 먹은 사람들에게서 발생했습니다.

요즘에는 환경 규제가 강화되어서 이렇게 독성이 강한 오염물질을 강으로 배출하지는 않지만 그렇다고 수질오염이 완

♣ 부영양화
부영양화는 강이나 호수와 바다에 영양물질이 증가해서 조류가 급속하게 증식하는 수질오염입니다. 생활하수나 가축의 배설물, 과잉 화학비료가 수중 생태계에 유입되면서 질소와 인과 같은 영양물질이 많아지는데, 이때 조류가 급속하게 증가하여 햇빛을 차단하고 물 속 산소를 다 소비해 다른 수생 생물들을 폐사시킵니다.

전히 사라진 것은 아닙니다. 가정에서 사용하는 주방 세제나 세탁 세제, 그리고 농사를 지을 때 사용하는 화학비료가 하천으로 흘러들면 부영양화*라고 하는 수질오염을 일으킵니다. 화학비료는 마치 물속에 영양분이 많아진 것처럼 작용해서 햇볕이 강한 여름철에 조류(藻類, algae)들이 급속하게 성장하여 퍼져 나가게 만듭니다. 이 때문에 강과 호수에서는 물이 녹색으로 변하는 녹조 현상이 나타나고, 바다에서는 바닷물이 붉은 색으로 변하는 적조 현상이 발생합니다. 조류가 많아지면 물속 산소를 너무 많이 소비해 버려서 다른 생물들이 산소 부족으로 죽게 되고, 결국 물은 점점 썩게 됩니다. 바다에서는 독성이 있는 조류들이 증가하면서 물고기와 조개를 폐사시키기 때문에 양식장에 큰 피해를 줍니다.

K대학교 대학원의 골프산업학과에서 환경 과목을 강의한 적이 있습니다. 그때 골프장 관련 업종에 종사하시는 분들이 같이 수업을 듣고 있었는데, 서로 이런 말을 하는 것을 들었습니다. 골프장 잔디 관리를 위해 비료와 농약을 사용하는데, 공급 업체에서 온 학생들이 골프장에서 근무하며 잔디를 관리하고 있는 학생들에게 농약과 비료는 적량만 사용해도 충분하니 제발 적량만큼만 사용하라고 당부하는 것이었습니다. 골프장뿐이 아니라 농가나, 가정에서 비료나 세제를 정량보다 더 많이 사용하는 경향이 있습니다. 그런데 그것은 모두 부영양화의 오염을 가중시키는 원인이 됩니다.

태초부터 지금까지 물은 땅과 바다와 하늘 사이를 쉴 새 없이 돌고 있습니다. 하나님이 선물로 주신 물을 아껴 쓰고 깨끗하게 사용해야 우리도 깨끗한 물을 마음껏 마실 수 있고 우리 후손들에게도 깨끗한 물을 물려줄 수 있을 것입니다.

## 성령님은 우리 영혼의 생수입니다

예수님은 사마리아 땅에 있는 '야곱의 우물'에서 한 여인을 만납니다. 그리고 그 여인에게 "예수께서 대답하여 이르시되 이 물을 마시는 자마다 다시 목마르려니와 내가 주는 물을 마시는 자는 영원히 목마르지 아니하리니 내가 주는 물은 그 속에서 영생하도록 솟아나는 샘물이 되리라"(요 4:13-14)고 말씀하셨습니다. 영적인 물에 대해서 가르쳐 주시기 위한 것이었습니다.✚

성경은 "명절 끝날 곧 큰 날에 예수께서 서서 외쳐 이르시되 누구든지 목마르거든 내게로 와서 마시라 나를 믿는 자는 성경에 이름과 같이 그 배에서 생수의 강이 흘러나오리라 하시니 이는 그를 믿는 자들이 받을 성령을 가리켜 말씀하신 것이라"(요 7:37-39)고 기록하고 있습니다. 이는 예수님이 말씀하시는 이 물은 영적인 물, 곧 성령이라고 가르쳐 주신 것입니다.

우리 육신은 물을 마시지 않으면 일주일 정도밖에 살지 못하는 것처럼 영혼도 생수이신 성령을 마시지 않으면 죽게

✚ 마라의 쓴 물(출 5:22-26)
마라의 쓴 물을 달게 하기 위해서 하나님은 나뭇가지 하나를 물에 던져 넣게 하셨습니다. 이것은 십자가의 상징과 하나님의 기적적인 은혜를 나타내는 것이지만, 또 한 편으로는 환경 속에 물을 정화하는 방법을 하나님이 마련해 주셨다는 것도 가르쳐 주신 것입니다.

됩니다. 하지만 영혼이 죽어 가는 것은 눈에 보이지 않기 때문에 사람들은 그 심각성을 깨닫지 못하고 살아가고 있는 것입니다.

사람들은 생수 없이 살 수 없듯이 생수이신 성령으로 거듭나지 않으면 영원히 살 수 없습니다. 우리는 물에 대한 오묘한 진리를 알고 물을 선물로 주신 하나님께 감사하며, 무엇보다 영혼의 생수이신 성령님을 보내 주신 것에 감사하며 살아야 합니다. 매일 물을 많이 마셔야 건강하듯이 날마다 공급해 주시는 성령의 은혜로 영적인 건강과 활력이 넘치는 삶을 살아야 합니다.

### 마음의 뿌리가 어디를 향하고 있습니까

이스라엘 백성들에게는 '복'의 개념이 우리나라와 좀 다릅니다. 시편 1편에서 '복 있는 사람'은 '시냇가에 심은 나무 같은 사람'이라고 소개하고 있습니다.

> 그는 시냇가에 심은 나무가 철을 따라 열매를 맺으며 그 잎사귀가 마르지 아니함 같으니 그가 하는 모든 일이 다 형통하리로다  시 1:3

이스라엘 땅은 물이 귀하고 비가 잘 오지 않습니다. 그래

성경 속 환경이야기

서 시냇가에 심겨진 나무라야 늘 푸르고 결실을 잘 맺을 수 있습니다. 강으로부터 늘 물을 공급받는 나무처럼 영적인 물을 늘 공급받는 사람이 복 있는 사람이라는 것입니다.

그리고 에스겔은 그 영적인 물이 성소로부터 흘러나온다고 말씀합니다.

> 강 좌우 가에는 각종 먹을 과실나무가 자라서 그 잎이 시들지 아니하며 열매가 끊이지 아니하고 달마다 새 열매를 맺으리니 그 물이 성소를 통하여 나옴이라 그 열매는 먹을 만하고 그 잎사귀는 약 재료가 되리라  겔 47:12

하나님이 에스겔 선지자에게 환상으로 보여 주신 것은 성소에서 흘러나온 물이 강 주변의 나무를 무성하게 하며 강과 바다를 되살아나게 하는 것이었습니다. 우리도 성소로부터 흘러나오는 영적인 물을 끊임없이 공급받을 때 성령의 열매를 풍성히 맺을 수 있고 주변도 되살아나게 하는 복의 통로의 역할도 감당하며 살 수 있습니다.

이스라엘이 시냇가에 심겨진 나무라 할지라도 반대쪽에는 광야가 펼쳐져 있습니다. 시선을 어디에 두느냐에 따라 한쪽은 은혜의 땅, 다른 한 쪽은 메마른 땅인 것입니다. 우리 삶도 그렇습니다. 시선이 세상을 향해 있느냐, 은혜의 강물인 하나님을 향해 있느냐에 따라서 같은 삶의 자리에서도 전혀 다른 영적인 시각을 가지고 살아가게 됩니다. 눈앞에 더위와 가뭄만 보인다면 우리는 지금 메마른 땅을 보고 서 있는 것입니다. 그때 뒤를 돌아 은혜의 강물을 바라보아야 합니다.

아무리 힘든 때라고 할지라도 하나님이 주시는 은혜가 반드시 있습니다. 경제적으로 힘듭니까? 시선을 돌려 보면 가족이 건강하고 화목한 은혜가 보입니다. 자녀 문제로 힘듭니까? 시선을 돌려 보면 그래도 배우자는 속 썩이지 않고 기쁨과 위로가 되어 주는 은혜를 발견할 것입니다. 일이 잘 안 풀립니까? 시선을 돌려 보면 돕는 자들의 손길과 그들을 통해 위로해 주시고 은혜 주시는 하나님을 보게 됩니다. 지금 내 눈앞에 영적으로 메마른 광야 같은 상황밖에 보이지 않을 때, 뒤를 돌아보면 반드시 하나님이 베풀어 주시는 은혜와 좋은 일들이 함께하고 있을 것입니다.

> 그는 물 가에 심어진 나무가 그 뿌리를 강변에 뻗치고 더위가 올지라도 두려워하지 아니하며 그 잎이 청청하며 가무는 해에도 걱정이 없고 결실이 그치지 아니함 같으리라  렘 17:8

또한 물 가에 심겨진 나무는 뿌리를 강변으로 뻗느냐, 광야로 뻗느냐에 따라서 생명이 좌우됩니다. 우리 마음 속 깊은 곳의 뿌리는 어디를 향하고 있습니까? 광야입니까, 강물입니까? 교회를 열심히 다녀도 겉으로만 시냇가에 심겨진 나무

성경 속 환경이야기

같을 수 있습니다. 그 내면이 세상을 향해 뻗어있다면 메말라 갈 수밖에 없습니다. 그러나 늘 마음의 뿌리를 강변으로 뻗어서 영혼의 생수를 공급받는다면 시냇가에 심겨진 나무의 복을 받아서 늘 잎이 청청하고 때마다 결실하는 삶을 살 수 있을 것입니다.

늘 영적인 생수를 공급받아서 성령 충만함으로 푸르고 풍부한 결실을 맺는, 시냇가에 심은 나무가 되기를 바랍니다. 지치고 외로운 사람들의 그늘이 되어 주고, 새들의 보금자리가 되어 주며, 이웃들에게 열매도 나누어 주는 은혜의 통로가 되기를 바랍니다. 강물과 광야를 이어 주는 복의 통로가 되기를 바랍니다.

### 물의 급수

수질은 5등급으로 나눕니다. 1급수는 가장 맑고 깨끗하며 냄새가 나지 않아서 식수로 사용할 수 있습니다. 2급수는 바닥의 모래나 자갈이 보일 정도로 비교적 맑고 냄새가 나지 않아서 정화 과정을 거치면 식수로 사용할 수 있고, 수영이나 목욕도 할 수 있습니다. 3급수는 탁하여 바닥이 잘 보이지 않고 찌꺼기들이 가라앉아 있어서 수영이나 목욕을 할 수 없으며, 주로 농업용수와 공업용수만으로 사용할 수 있습니다. 4급수는 많이 오염되어 있어서 고약한 냄새가 나며 약품 처리를 해야만 농업용이나 공업용으로 사용할 수 있습니다. 5급수는 심하게 오염되어 있어서 검정색으로 보이며 특수한 처리를 하지 않으면 사용할 수 없습니다.

### 지표 생물

수중에 어떤 종류의 생물이 사는지를 알면 그 물의 수질 정도를 파악할 수 있습니다. 이럴 때 사용하는 생물을 지표 생물이라 합니다. 1급수에는 열목어와 가재가 살고, 2급수에서는 다슬기와 피라미가 발견됩니다. 4급수에는 장구벌레와 실

지렁이가 살고, 5급수에는 모기 유충과 파리 유충 등이 발견 됩니다.

## 상하수 처리

상수 처리는 식수로 공급하기 위해서 정수하는 것을 말하고, 응집과 침전, 여과와 소독을 거칩니다. 최근에는 활성탄이나 분리막 같은 고도정수처리를 통해 더욱 깨끗한 수돗물을 공급합니다.

하수 처리는 1차로 고형물질을 제거하고, 2차로 미생물로 오염물질들을 분해한 뒤 하천으로 방류하거나 3차 고도처리까지 해서 재이용하기도 합니다.

## 생활 속 실천 tip

평소 사용하는 변기와 수도꼭지를 절수형으로 교체하여 물을 아껴 씁시다. 옥상에 빗물탱크를 만들고 중수도 처리 시설을 갖추어서 빗물과 한 번 사용한 수돗물을 조경수, 청소용수, 화장실용수 등으로 재사용합시다

# 5
# 풍요의 땅으로 이끄시다

태초에 하나님이 물을 한 곳으로 모으시고 땅이 드러나게 하셨습니다. 땅을 창조하신 것입니다.

> 하나님이 이르시되 천하의 물이 한 곳으로 모이고 뭍이 드러나 라 하시니 그대로 되니라  창 1:9

땅에는 흙만 있는 것이 아닙니다. 흙 속에는 수많은 종류의 무생물과 생물들이 있습니다. 야외에 나가서 흙 한 줌만 파 봐도 그 안에는 수십억 마리의 세균, 곰팡이와 같은 미생물들이 들어 있고, 작은 생물들이 살아가고 있습니다.♣ 하나님은 땅을 창조하시고 땅속에 다양한 생명체들로 가득 차 있게 하셨습니다. 또 그 땅을 통해서 식물들이 자라고 동물들이 먹을 것과 살 곳을 얻게 해주셨습니다. 그래서 땅과 흙은 공기와 물처럼 생명체와 생태계에게 아주 소중한 것입니다.

♣ 토양
토양은 암석이 잘게 깨져서 만들어신 무기물질, 동식물들로부터 나온 유기물질, 물과 공기, 그리고 세균과 곰팡이 같은 생물들로 구성되어 있는 복합체입니다.

성경 속 환경이야기

흙은 사람에게도 매우 중요합니다. 하나님은 비옥한 땅을 주셔서 사람들이 먹을 채소와 곡식과 과일이 자라나게 해주셨습니다. 그뿐만 아니라 땅을 통해 입을 거리와 살 집의 터와 재료도 제공해 주셨습니다. 그래서 사람들은 땅에서 의식주 대부분을 해결하고 있습니다. 또 땅은 물을 잘 저장해서 지하수를 제공하고 아름다운 녹지를 만들어 가축을 기르고 사람들이 쉴 수 있게 해줍니다.

텍사스에서 공부할 때 딸의 친구 생일파티에 초대를 받아 함께 방문한 적이 있습니다. 그 집은 목장을 운영하고 있었습니다. 드넓은 초원 위에 집 하나 지어져 있고, 소들이 여유롭게 풀을 뜯는 모습을 보면서 마음의 평화와 아름다움을 느꼈습니다. '태초에 하나님이 사람들에게 선물해 주신 모습이 이렇게 아름답고 평화로운 모습이었겠구나!' 하는 것을 새삼 깨닫는 시간이었습니다.

땅은 우리에게 의식주를 해결해 주는 직접적인 소중함뿐 아니라, 들과 산의 아름다운 경치를 제공해 기쁨을 주기 때문에 경제적으로는 따질 수 없는 심미적인 소중함을 지니고 있습니다. 또한 생태적으로도 매우 중요한 역할을 하고 있어서 땅을 통해 수많은 식물과 동물들이 물을 얻고 영양분을 공급받으며 서로 돕고 사는 터전을 마련하고 있습니다. 그러니 땅과 흙은 사람과 동식물에게 얼마나 소중한지 모릅니다.

## 생태계의 근원이 고통받고 있습니다

그런데 이렇게 소중한 땅이 사람들이 함부로 버리는 쓰레기와 오염물질들 때문에 오염되고 있습니다. 땅은 산업폐수와 광산폐수가 유입되거나 각종 폐기물의 매립을 통해서 독성물질에 의한 토양오염이 일어납니다. 이런 토양오염은 심각한 피해를 주지만 그 외에도 농약이나 화학비료, 우리가 무심코 땅에 버리는 생활하수♣나 생활폐기물♣에 의해서도 일어납니다.

토양오염은 육안으로 잘 보이지 않을 뿐 아니라 잘 없어지지도 않습니다. 땅은 오염물질을 머금고 있는 완충역할을 해주지만 그 오염물질들은 결국 농작물이나 지하수를 오염시키는 원인이 됩니다.

하나님은 땅에도 역시 스스로 정화할 수 있는 능력을 심어 두셨습니다. 오염물질을 분해하는 미생물들입니다. 이것들은 오염물질이 있는 땅에서도 잘 번식하고, 그 오염물질을 먹어서 분해합니다. 그래서 이런 미생물들을 분리해 내서 미생물로 처리하는 공정에 사용하고 있습니다.

또 흙속에 포함되어 있는 무기물질들도 오염물질들을 분해할 수 있습니다. 제가 박사 과정에 있을 때 저희 연구실에서 수행했던 연구 프로젝트 중 하나가 바로 '흙의 무기물질성분이 과연 오염물질들을 분해할 수 있는가' 하는 것이었습니다. 박사 과정에 있던 한 한국인 학생이 그 연구를 수행했는

♣ 생활하수
가정이나 음식점에서 하수도로 버려지는 물로 음식물 찌꺼기와 세제, 기름기, 분뇨 등이 포함되어 있습니다.

♣ 생활폐기물
주로 가정이나 상가의 실생활 속에서 버려지는 물질들을 말합니다. 폐기물에는 액체인 폐식용유, 폐산, 폐알칼리 등도 포함되어 있어서 토양을 오염시킬 수 있고, 폐건전지에 의한 수은 오염도 발생할 수 있습니다.

성경 속 환경이야기

데, 결과는 긍정적이었습니다. 속도는 매우 느리지만 토양을 구성하고 있는 무기성분들이 화학적인 방법으로 오염물질을 분해할 수 있다는 것을 밝혀내었습니다. 하나님은 이렇게 물리적, 생물학적 방법으로, 또 무기성분에 의한 화학적 방법으로 흙이 오염물질을 정화하도록 만들어 주셨습니다.

그런데 문제는 독성이 강한 오염물질들이 너무 많이 땅으로 유입된다는 것입니다. 화학적으로 처리할 수 있는 용량을 넘어서는 양의 오염물질들이 유입되면서 그 독성으로 미생물들이 다 죽고, 결국 땅은 자체적으로 정화할 수 있는 능력을 완전히 잃어버리게 되었습니다. 오염된 토양은 그 자체가 오염 덩어리가 되어서 그곳에서 재배되는 모든 농작물과 지하수를 오염시키는 오염원이 됩니다. 그 땅에서 나오는 오염된 농작물이나 지하수를 먹거나 마시면 공해병에 걸리는 것입니다.

토양오염은 처리하기도 쉽지 않습니다. 수질오염은 하수처리장에서 정화한 후 다시 흘려보내면 되지만, 오염된 토양은 정화하기가 매우 까다롭습니다. 뜨거운 공기를 주입해서 오염물질을 증발시키거나, 뜨거운 물이나 세제가 들어 있는 물을 주입해서 오염물질을 녹이거나 씻어 냅니다. 또는 화학약품이나 미생물을 주입해 오염물질이 분해되기만을 오랫동안 기다리는 방법도 사용합니다. 식물을 심어서 오염물질을 빨아들여서 처리하게도 합니다. 하지만 너무 심하게 오염된 흙은 모두 퍼내서 처리하지 않으면 안 될 때도 있습니다.

땅은 모든 육상 생태계의 근원입니다. 하나님이 만드신 푸른 초원과 산들이 가득한 지구를 지키기 위해서, 그리고 하나님이 먹을거리로 허락해 주신 수많은 채소와 과일들을 오염되지 않은 원래의 모습대로 먹기 위해서라도 땅을 보호해야 합니다. 땅에서 살아가고 있는 수많은 생명체들이 그 생명을 안전하게 이어갈 수 있도록 우리는 흙 한 줌도 소중히 여기며 살아야 합니다.

### 땅을 어떻게 가꾸느냐에 따라 결실이 달라집니다

예수님이 우리에게 땅을 비유로 가르쳐 주신 것이 있습니다.

예수께서 비유로 여러 가지를 그들에게 말씀하여 이르시되 씨를 뿌리는 자가 뿌리러 나가서 뿌릴새 더러는 길 가에 떨어지매 새들이 와서 먹어버렸고 더러는 흙이 얕은 돌밭에 떨어지매 흙이 깊지 아니하므로 곧 싹이 나오나 해가 돋은 후에 타서 뿌리가 없으므로 말랐고 더러는 가시떨기 위에 떨어지매 가시가 자라서 기운을 막았고 더러는 좋은 땅에 떨어지매 어떤 것은 백 배, 어떤 것은 육십 배, 어떤 것은 삼십 배의 결실을 하였느니라 마 13:3-8

성경 속 환경이야기

이 비유의 말씀에서 예수님은 네 가지 땅의 토질이 다르기 때문에 다른 결실을 맺는다고 말씀하지 않으셨습니다. 똑같은 토양이라고 할지라도 그것이 완악하고 딱딱하게 굳어져 있는 길가의 땅이라면 뿌려진 씨가 뿌리를 내리기도 전에 새가 와서 먹어 버리고, 돌로 가득한 땅은 흙이 얕아서 싹은 나오지만 뿌리가 약해 금세 말라 버리고, 가시떨기가 가득한 땅은 세상의 염려와 재물의 유혹 때문에 제대로 결실하지 못하지만, 부드럽게 기경되어 있고 돌이 없으며 가시떨기가 없는 땅은 삼십 배, 육십 배, 백 배 결실을 맺는다고 말씀하셨습니다.

우리의 영적인 마음의 땅도 하나님이 얼마든지 결실하실 수 있는 기름지고 좋은 토양으로 가득 채워 주셨습니다. 그런데 우리는 그 마음의 땅을 기경하지 않고 딱딱하게 만들어 버렸고, 돌과 가시떨기로 가득 차게 해서 결실하지 못하고 있습니다. 하나님은 그런 우리의 마음 상태를 가르쳐 주신 것입니다.

결국 문제는 땅을 얼마나 잘 가꾸느냐입니다. 우리는 하나님이 선물로 주신 환경의 땅을 오염되지 않도록 잘 보호하고 가꾸어야 합니다. 마찬가지로 우리 마음의 밭도 버려진 땅이 되지 않도록 잘 가꾸어야 합니다. 마음의 밭을 잘 가꾼다는 것은 땅을 부드럽게 기경하듯이 베풀어 주셨던 은혜를 기억함으로 늘 감사의 고백을 하는 것입니다. 돌과 가시떨기가 발견될 때마다 골라내고 뽑아내듯이 욕심과 걱정거리들을 주님 안에서 다 내려놓는 것입니다. 그럴 때 말씀의 씨앗을 받아 삼십 배, 육십 배, 백 배 결실 맺는, 기름진 마음의 땅이 될 수 있을 것입니다. 하나님이 우리에게 이미 좋은 토양을 선물로 주셨기 때문입니다.

### 이 땅을 회복하기 원하십니다

하나님이 사람에게 살게 하신 첫 번째 땅의 이름은 에덴입니다.

> 여호와 하나님이 동방의 에덴에 동산을 창설하시고 그 지으신 사람을 거기 두시니라  창 2:8

에덴은 '기쁨'이라는 뜻입니다. 사람이 살도록 하나님이 직접 마련해 주신 땅의 이름이 '기쁨의 동산'이라면, 하나님은 우리가 땅에서 기쁨을 누리기를 원하시는 것이 분명합니다. 에덴에는 보기에도 아름답고 먹기에도 좋은 나무들이 가득했습니다. 하지만 인간의 욕심과 불순종 때문에 에덴동산에서 쫓겨나면서 땅도 가시덤불과 엉겅퀴가 가득한 곳이 되어 버렸습니다.

> 땅이 네게 가시덤불과 엉겅퀴를 낼 것이라  창 3:18a

성경 속 환경이야기

노아의 홍수 이후에 사람들이 동방으로 옮겨가다가 만난 땅이 시날 평지였습니다. 시날은 '두 강 사이'라는 뜻입니다. 티그리스 강과 유프라테스 강 사이의 땅이었으니 매우 비옥한 땅을 하나님이 허락하신 것입니다. 그런데 그 땅에서 사람들은 바벨탑을 쌓았습니다.

하나님은 늘 우리에게 기쁨과 풍요의 땅을 허락하시지만, 우리는 욕심과 교만으로 하나님이 주신 땅을 가시덤불과 엉겅퀴가 가득한 땅, 돌로 가득한 땅으로 만들어 버립니다. 하지만 하나님은 늘 우리에게 다시 믿음의 땅, 하나님을 바라보며 살 수 있는 땅으로 인도해 주십니다. 믿음의 조상 아브라함을 택하시고 주신 약속이 바로 젖과 꿀이 흐르는 땅이었습니다.

현대에도 인간은 하나님이 주신 아름다운 땅을 욕심과 죄로 오염시킵니다. 그럼에도 하나님은 그 땅의 아름다움과 풍요로움이 회복되기를 원하십니다.

우리의 영적인 땅도 마찬가지입니다. 우리는 에덴을 가시덤불과 엉겅퀴를 내는 땅으로, 시날 평지를 바벨탑을 쌓는 땅으로 오염시키지만 그래도 하나님은 우리의 영적인 땅도 회복시키시기를 원하십니다. 우리를 늘 은혜의 땅으로 인도하시기를 원하십니다. 우리는 이 사실을 기억하며 감사해야 합니다.

## 더 알아보기

### 땅이 하는 일

땅은 식물에게 물과 양분을 주고, 죽은 생물들을 분해하며, 오염물질을 고정시키거나 분해하여 정화하고, 물을 저장하며, 녹지의 아름다움과 집을 지을 수 있는 장소와 재료를 공급해 줍니다.

### 땅속에 들어 있는 것들

땅속에는 모래, 점토, 돌과 같은 무기물질, 낙엽, 뿌리, 동물들의 배설물과 같은 유기물질, 물, 공기가 들어 있습니다. 또 두더지, 들쥐, 땅강아지, 뱀, 지렁이와 같은 큰 동물들과 조류나 균류가 20만 종, 원생동물이 100만 종, 방선균이 2000만 종, 박테리아가 50억 종이 살고 있습니다. 토양 1그램 안에는 7~8억 마리의 미생물이 살고 있습니다.

### 사막화

토양의 황폐화 현상으로 자연적인 원인과 인위적인 원인이 있습니다. 지구의 대기 순환에 따라 고기압대가 형성되는 남북위 30° 주변 지역에 강우량이 적어서 사막화가 일어나지만,

이런 자연적인 원인은 전체 사막화의 15퍼센트 이하를 차지하고 나머지는 인간의 활동에 의한 지구온난화, 산성비, 산림의 벌채 같은 인위적인 원인 때문에 일어납니다.

## 생활 속 실천 tip

지구온난화의 주범인 이산화탄소를 흡수할 수 있도록 교회와 가정 옥상에 정원을 만들어 봅시다. 옥상정원은 건물을 여름에는 시원하고 겨울에는 따뜻하게 해서 냉난방 효율을 높여 주기도 합니다. 교회의 구역별, 교회학교별 텃밭을 만들어서 열매 맺고 수확하는 기쁨과 땅의 소중함도 느껴 봅시다.

3부

동물과 식물을

주시고

감각을 깨우시다

# 1
## 무엇을 먹어야 할까

교회에서 젊은부부 부서를 섬긴 적이 있습니다. 젊은부부 부서는 아이들도 함께 있었기 때문에 조금 특별한 수련회를 진행하곤 했습니다.

한번은 여름 수련회로 충북 보은에 있는 기독교 생태공동체를 찾아간 적이 있습니다. 이름하여 '친환경 수련회'였습니다. 그 공동체는 도시에서 이사를 온 교인들이 함께 모여 살면서 친환경 농법으로 농사를 짓고 친환경 양계를 하고 있었습니다.

그들은 화학비료와 농약을 전혀 사용하지 않고 농사를 지어서 자급자족하고 있었습니다. 유기농 벼의 볏짚은 닭의 유기농 사료와 닭장의 바닥재로 사용되었습니다. 닭똥이 쌓이면 볏짚을 정기적으로 거두어들여서 발효하여 다시 농작물의 유기질 비료로 사용했습니다. 순환형 유기농법으로 농사와 양계를 하고 있는 것이었습니다.

아이들과 함께 논과 밭에 가서 수확도 해보고 양계장에 들어가 재래식으로 키우고 있는 닭들과 장닭, 그리고 알을 낳는 방도 둘러보았습니다. 하나님이 주신 방법이 얼마나 버릴 것이 없고 좋은지를 경험하는 시간이었습니다. 그때 우리는 계곡에서 물놀이도 하며 하나님이 주신 환경 속에서 추억을 남기고 돌아왔습니다.

또 한 해는 유기농 배 밭 농가에서 가정 당 배나무 한 그루씩 분양을 받아 유기농 배 밭 체험을 했습니다. 봄부터 꽃을 솎고 수정을 하고, 조그맣게 열린 배에 봉지를 씌우고, 가을에는 수확까지 했습니다. 우리는 배나무를 키우면서 달구지도 타 보고, 고구마도 심고, 들에서 점심 식사도 함께 나누어 먹었습니다. 하나님이 만드신 환경 속에서 하나님의 방법대로 심고 거두는 체험을 하며 우리는 하나님의 손길을 경험할 수 있었습니다.

## 하나님은 먹을 것을 풍족하게 주셨습니다

> 씨 맺는 모든 채소와 씨 가진 열매 맺는 모든 나무를 너희에게 주노니 너희의 먹을거리가 되리라  창 1:29b

하나님은 태초에 사람에게 채소와 열매를 먹을거리로 주

셨습니다. 채식만 허락하신 것이었습니다. 그래도 부족함이 없었습니다. 하나님은 선악을 알게 하는 나무의 열매를 제외한 에덴동산의 모든 열매를 마음껏 먹게 해주셨습니다. 풍성한 양식을 통해 먹는 즐거움을 허락해 주신 것입니다.

노아의 홍수 이후에는 하나님이 동물의 고기도 먹게 해주셨습니다. 육식도 허락하신 것입니다. 그때부터 사람들은 고기를 먹게 되었습니다. 하지만 피째 먹지는 말게 하셨습니다.

> 모든 산 동물은 너희의 먹을 것이 될지라 채소 같이 내가 이것을 다 너희에게 주노라 그러나 고기를 그 생명 되는 피째 먹지 말 것이니라 창 9:3-4

이스라엘 백성들이 애굽에서 나와서 광야로 이동하면서 먹을거리를 구할 수 없을 때에는 아침마다 하늘에서 흰 꿀 과자 같은 만나를 내려 주셨습니다(출 16:31). 이스라엘 백성들이 그동안 한 번도 본 적이 없는 신령한 양식을 40년 동안 공급해 주신 것입니다.

어느 때에는 메추라기들을 보내 주셔서 고기도 먹을 수 있었습니다. 메추라기는 유럽이나 아시아에서 아프리카 사이를 오가는 철새인데, 봄에는 애굽에서 출발하여 북쪽으로 이동을 했고, 가을에는 북쪽에서 애굽으로 이동했습니다. 바람을 타고 이동하는 메추라기를 하나님은 이스라엘 백성들이 쉽게 잡을 수 있고 마음껏 먹을 수 있도록 해주셨던 것입니다. 그 덕에 이스라엘 백성은 광야의 야영지에서 푸짐한 메추라기 파티를 하며 즐거운 시간을 보낼 수 있었습니다.

## 인간의 욕심이 땅을 혹사시켰습니다

사람들은 오랜 기간 환경의 순리대로 농사를 짓고 가축을 길러서 양식을 마련했습니다. 그런데 1940년대에 들어오면서부터 사람들은 더 많은 수확을 얻기 위해서 새로운 품종을 개발하고 화학비료와 농약을 만들어 사용하기 시작했습니다. 그 결과 밀은 세 배, 옥수수는 두 배의 수확을 얻게 되었고 그 이후에도 옥수수의 생산량은 점점 증가하여서 지금은 네 배의 수확을 올리고 있습니다.

이렇게 수확이 몇 배로 늘어난 것을 '녹색혁명'*이라고 불렀습니다. 그만큼 혁명적인 일이었기 때문입니다. 필리핀에서 개발되어 1975년 우리나라에 보급된 통일벼는 일반 벼보다 수확량이 35퍼센트까지 더 많았습니다. 인간이 만들어 낸 이 녹색혁명은 인류의 식량 문제를 해결할 수 있는 길이라고 생각했습니다.

하지만 그 기대는 얼마 가지 못했습니다. 새로운 품종들은 환경에 대한 저항력이 약하고 병충해에 취약해서 농약과 화학비료의 힘이 없이는 자라지 못했습니다. 내성이 생긴 해

✦ 농약의 딜레마
농약은 표적에 대한 독성이 강해야 하고, 지속성이 있어서 오래토록 방제효과를 내야 하지만, 이러한 특성은 해충의 천적과 사람에게도 큰 피해를 줍니다. 생산량을 늘리기 위해 제초제를 뿌려서 잡초를 제거하면 해충의 천적이 살 곳이 없어지고, 해충은 공격할 것이 농작물 밖에 없으니 더 많이 공격하게 되고, 그러면 더 많은 살충제를 뿌려야 하기 때문입니다.

충들을 잡기 위해서 더 독한 농약을 더 많이 뿌려야만 했습니다. 이렇게 농약과 화학비료를 남용하면서 땅들은 점점 산성화, 황폐화 되었습니다.

농약으로 인한 농작물의 오염도 점점 더 심각해졌습니다. 우리나라에서도 지난 30년간 쌀 생산을 1.6배 늘리는 데 농약을 열 배나 더 사용해야만 했습니다. 벼농사에는 농약을 한 해에 7~8번, 사과 농사에는 13~14번 뿌려야 한다고 합니다.

결국 그 피해는 고스란히 사람들에게 돌아왔습니다. 체내에 들어온 농약들은 암을 일으키거나 환경호르몬으로 작용하여 여러 가지 병의 원인이 되고 있습니다. 화학비료도 강이나 호수로 흘러들어가서 수질오염을 일으키고 있습니다.

하나님은 땅과 생태계 속에 이미 곡식과 과일들이 잘 자랄 수 있도록 필요한 모든 것을 준비해 두셨습니다. 그러나 사람들은 욕심으로 더 많은 수확을 얻고자 했습니다. 또한 하나님은 7년마다 땅을 쉬게 하므로 생산하는 힘을 다시 회복하도록 안식년을 명령하셨지만 인간은 이를 어겼습니다. 게다가 농약과 화학비료를 사용하여 곡식을 무조건 많이 생산하도록 땅을 강요하고 혹사시켰습니다.

**농사도 하나님의 방법으로 해야 모두에게 이롭습니다**

농약에 대한 경각심이 커지면서부터는 무농약 재배와 유

기농 재배가 눈에 띄게 늘었습니다. 최근에는 퇴비조차도 뿌리지 않고 땅에 아무것도 넣지 않는 무투입 농법으로 농사를 짓기도 합니다. 하나님이 태초에 만들어 주신 농사의 방법으로 돌아가고 있는 것입니다.

저는 어느 신앙 간증서보다 더 많이 은혜 받고 감격했던 책이 있습니다. 《기적의 사과》(김영사 역간)입니다. 이 책은 대대로 사과 농가에서 태어난 일본의 기무라 아카노리 씨가 아무도 시도하지 않았던, 그야말로 '아무것도 사용하지 않는 무투입 농법'으로 사과 재배에 성공한 이야기를 담고 있습니다. 그는 주변 사람들의 불가능하다는 만류에도 불구하고 무투입 농법을 시작한 지 9년 만에 첫 사과 꽃을 틔웁니다. 얼마나 힘든 과정을 이겨 내며 얻은 사과였을까요? 그 사과는 크기도 작고 모양도 예쁘지 않았고 상처도 있었지만, 맛은 온몸의 세포가 환호하는 듯한 느낌이 들 정도의 믿을 수 없는 맛이었습니다. '세상에 살아 있는 기쁨의 진수라고 할 만한 것이 그 사과 속에 충만했다'고 묘사할 정도의 맛이었습니다. 이 사과는 온라인 판매 3분 만에 매진되었고, 사과로 만든 수프는 1년을 기다려야 살 수 있는 '기적의 사과'가 되었습니다.

자연은 그 자체로 완결된 시스템이다. 사람의 도움 같은 게 없어도 초목은 무성하게 잎을 맺고, 꽃을 피우고, 열매를 맺는다. 그 시스템에 손을 댐으로써 인간에게 편하고 좋은 결과를 얻으려 하는 행위가 곧 농업이라고 후쿠오카는 말한다. 비료를 주면 보다 큰 열매를 맺는다. 해충을 죽이면 보다 많은 작물을 수확할 수 있다. 인간은 그런 식으로 생각한다. 그래서 비료를 주고 해충을 없애는 방법을 발달시켜 왔다. 그것이 거듭된 결과, 농작물은 자연의 산물이라기보다 일종의 석유 화학 제품이 되어 버렸다. _《기적의 사과》중에서

하나님은 환경 속에 이미 결실할 수 있는 모든 힘을 주셨고 우리에게 최고의 맛을 가진 먹거리를 선물로 주셨는데, 그동안 우리는 더 크고 더 많은 열매를 맺게 하려는 욕심 때문에 모양은 크고 예쁘지만 맛은 없는 농작물을 먹고 있었던 것입니다. 우리는 하나님이 선물로 주신 맛과 품질을 전혀 누리지 못하며 원조가 아니라 짝퉁 먹거리♣들을 먹으며 살고 있었습니다.

하나님이 주신 방법에는 분명 모든 생태계와 사람에게 유익한 방법들이 다 들어 있습니다. 그 방법을 찾아 사람의 건강에도 좋고 풍부한 수확을 주는 농법들을 많이 개발해야 합니다.

이제 사람들은 다시 유기농산물을 찾고 있습니다. 그런데 그것은 땅을 위해서가 아닙니다. 건강에 해로운 것을 피하고 이로운 것을 먹기 위해 다시 하나님의 방법을 찾는 것입니다. 결국 인간의 이기적인 목적 덕분에 이름도 없었던 그 농사법

♣ 짝퉁 먹거리
짝퉁은 모조품을 뜻하는 신조어입니다. 하나님이 우리에게 주신 본래의 맛을 가진 먹거리가 아닌 농약과 화학비료로 인하여 맛과 품질이 현저히 떨어진 먹거리를 표현한 것입니다.

성경 속 환경이야기

이 '유기농'이라는 이름을 달고 유명세를 타게 된 것입니다.

농약이나 화학비료를 사용하지 않는다고 해서 바로 '유기농산물'을 생산할 수 있는 것이 아닙니다. 2~3년 이상 농약과 화학비료를 사용하지 않은 후에야 그 땅에서 재배한 농산물을 비로소 '유기농산물'이라고 인정합니다. 왜냐하면 땅에 이미 함유되어 있는 화학비료나 농약 성분이 완전히 없어지는 데는 제법 많은 시간이 걸리기 때문입니다.

농약이나 화학비료를 1년 이상 사용하지 않고 재배한 것은 '전환기 유기농산물'이라고 합니다. '무농약 농산물'은 농약은 사용하지 않았지만 화학비료를 반 이하로는 사용하여 재배한 것이고, '저농약 농산물'은 화학비료뿐 아니라 농약도 반 이하 정도는 사용하여 재배한 것입니다.

유기농 제품들이 이젠 백화점의 진열대를 차지하고 고가 제품 행세를 하고 있습니다. 그리고 많은 매체가 건강한 삶을 위해서는 고가의 유기농 제품을 먹어야 한다고 광고하고 있습니다. 실제로 유기농 제품의 가격은 다른 제품들보다 비싸서 명품 대접을 받고 있습니다.

하나님이 환경을 통해 우리에게 허락해 주신 친환경 농법은 고가의 명품 농산물의 소비나, 건강 우상화 때문이 아니라 하나님의 방법이기 때문에 하는 것입니다. 그리고 사람과 생태계에게 모두 다 좋은 것이기 때문에 해야 하는 것입니다.

## 바른 농사법을 전하는 녹색 선교

　최근 우리나라에서는 유기농법이 급속도로 발달했습니다. 유기농법의 개발과 발달은 하나님이 선교에 사용하시려고 허락해 주신 것 같습니다. 발달된 유기농법을 낙후된 선교지의 농사에 적용해 준다면 그 나라와 지역의 농산물 생산은 바뀔 것입니다.

　물론 생산량은 떨어질 수 있습니다. 그러나 농약에 오염되지 않은 농산물을 생산한다는 것과 땅이 산성화되지 않고 계속 생산할 수 있도록 한다는 것은 장기적으로 더 이득입니다. 그리고 생산량이 줄더라도 맛과 품질이 더 좋은 양질의 농산물을 생산하므로 경제성은 더 좋아질 수 있을 것입니다.

　선교사들이 선교지의 농사를 도울 때가 있습니다. 그때 친환경적인 농사법을 가르쳐 주는 것은 선교사로서 먼저 해야 하는 땅에 대한 선교적 사명이라고 생각합니다. 또한 하나님의 방법대로 생산하는 것이 더 좋은 제품을 만들 것이라는 믿음의 고백이 필요합니다. 선교사로서 세상의 방법이 아니라 하나님의 방법을 가르치는 것입니다. 그것이 돈이 되기 때문이 아니라 바른 농사법*이기 때문에 전하는 것입니다. 그것이 그 선교지의 땅을 위해서도, 그 지역의 주민을 위해서도, 품질 좋은 농산물을 생산하기 위해서도 더 좋은 길이기 때문입니다.

♣ 바른 농사법
땅을 해치지 않고 사람에게 해롭지도 않는 방법으로 농작물을 생산하는 것으로 하나님이 만들어 놓으신 원리를 따라 환경의 순리대로 하는 농사법입니다.

성경 속 환경이야기

## 주님은 참된 양식입니다

예수께서 이르시되 나는 생명의 떡이니 내게 오는 자는 결코 주리지 아니할 터이요 나를 믿는 자는 영원히 목마르지 아니하리라  요 6:35

예수님은 말씀을 들으러 온 사람들이 먹을 것이 없을 때 들판에서 보리떡 다섯 개와 생선 두 마리로 성인 남자만 오천 명이 넘는 사람들을 먹이셨습니다. 하지만 예수님을 다시 찾아온 사람들에게는 먹을 것을 더 이상 주지 않으시고, 예수님 자신이 생명의 떡이며 예수님께 오는 자는 결코 배고프지 않을 것이라고 말씀해 주셨습니다. 이제는 육적인 양식이 아니라 영적인 양식을 그들에게 주고 싶으셨던 것입니다.

예수님은 생명의 떡으로 이 땅에 오셨습니다. 우리가 그 떡을 먹고 영생을 얻게 하려고 오신 영생의 떡이십니다.

내 살을 먹고 내 피를 마시는 자는 영생을 가졌고 마지막 날에 내가 그를 다시 살리리니 내 살은 참된 양식이요 내 피는 참된 음료로다  요 6:54~55

십자가에서 살이 찢기시고, 피를 흘리심으로 우리에게 생명의 떡이 되어 주셨습니다. 이 은혜를 누리려면 우리는 생명의 떡이신 예수님을 만나처럼 매일 먹어야 합니다. 예수님의 살을 먹듯이 말씀을 먹어야 하고, 예수님의 피를 마시듯이 말씀을 마셔야 합니다.

예수님은 사탄이 시험할 때 "사람이 떡으로만 살 것이 아니요 하나님의 입으로부터 나오는 모든 말씀으로 살 것이라"(마 4:4)고 말씀하셨습니다. 육의 양식인 밥을 먹지 않으면 몸이 약해지듯이 영의 양식인 말씀을 날마다 먹지 않으면 영적인 우리 몸이 쇠약해져 갑니다. 끼니때마다 육의 양식만 챙길 것이 아니라 만나처럼 날마다 공급해 주시는 영의 양식으로 더욱 영적으로 건강해져 가며, 꿀보다 달고 오묘한 말씀의 맛도 즐길 수 있어야 할 것입니다.

> 주의 말씀의 맛이 내게 어찌 그리 단지요 내 입에 꿀보다 더 다니이다  시 119:103

더이상 육적인 양식에만 매여 있는 삶을 살지 말고 생명의 떡이신 예수님을 먹고 마심으로 영생의 능력을 늘 경험하십시오. 세상에 살지만 세상의 것에 매이지 않으며 영생의 떡을 가진 자로 예수님의 사랑을 늘 누리며 살아야 합니다.

성경 속 환경이야기

## 꽃이 떨어져야 열매를 맺습니다

봄에 씨를 뿌리면 싹이 나고 자라서 꽃을 피웁니다. 꽃이 떨어지면 그 자리에 열매가 맺히기 시작합니다. 열매는 햇볕을 받고 신선한 공기를 마시며 물과 영양분을 공급받아 탐스럽게 익어 갑니다.

열매는 한 알의 씨앗이 땅에 떨어져 죽지 않으면 맺힐 수 없습니다. 열매는 씨앗이 자신의 몸을 썩혀 싹을 틔우는 희생이 있을 때 비로소 시작됩니다.

> 내가 진실로 진실로 너희에게 이르노니 한 알의 밀이 땅에 떨어져 죽지 아니하면 한 알 그대로 있고 죽으면 많은 열매를 맺느니라  요 12:24

우리 인생에도 한 분의 희생이 있었습니다. 바로 예수님입니다. 예수 그리스도의 죽으심으로 말미암아 우리는 다시 태어났습니다. 그리고 우리 인생은 새로운 싹을 틔우게 되었습니다.

주님 안에서 우리는 자라나고 어느덧 화려한 꽃까지 피우게 되었습니다. 하지만 우리는 예수님의 희생으로 거듭난, 화려하게 꽃피는 인생에서 멈추고 싶어 합니다. 그 꽃을 떨어뜨리지 않으면 열매를 맺을 수 없는데도 우리는 우리 인생의 화려한 꽃을 떨어뜨리고 싶어 하지 않습니다.

예수님의 희생으로 거듭났다면 우리는 이제 우리의 꽃을 떨어뜨리는 희생을 결단할 수 있어야 합니다. 내 속의 욕심을 채우는 나만을 위한 인생이 아니라 하나님이 기뻐하시는 인생, 하나님을 위한 인생, 하나님께 영광 돌리는 인생을 살아야 합니다. 그러기 위해서는 꽃 피우는 인생을 넘어서 열매 맺는 인생의 단계까지 나아가야만 합니다.

> 너희가 열매를 많이 맺으면 내 아버지께서 영광을 받으실 것이요 너희는 내 제자가 되리라 요 15:8

예수님은 "열매 맺는 자라야 내 제자가 된다"고 분명하게 말씀하셨습니다. 인생의 꽃을 주님 앞에 내려놓고 열매 맺음으로 주님의 참된 제자가 되어야 합니다. 그래야 세상도 우리의 선한 행위의 열매를 통해서 하나님의 영광을 보게 되며 우리를 비로소 예수님의 참 제자로 인정하게 될 것입니다.

마지막으로 우리가 기억해야 할 것은 그 열매가 하나님께 영광을 돌리는 것으로 끝이 아니라는 사실입니다. 열매가 있을 때는 예수님이 우리의 모든 간구를 다 들어 응답해 주시겠다고 약속하셨기 때문입니다.

> 너희가 나를 택한 것이 아니요 내가 너희를 택하여 세웠나니 이는 너희로 가서 열매를 맺게 하고 또 너희 열매가 항상 있게

성경 속 환경이야기

하여 내 이름으로 아버지께 무엇을 구하든지 다 받게 하려 함
이라  요 15:16

열매 맺는 것은 하나님만 영광 받으시는 것으로 그치지
않습니다. 그 받으신 영광으로 우리가 구하는 모든 간구를 들
어주신다는 것입니다. 우리 삶의 열매를 통해 하나님께 그 열
매에 합당한 보상과 우리 행위의 열매대로 보응하시는 하나
님의 은혜도 받아 누릴 수 있을 것입니다.

주는 책략에 크시며 하시는 일에 능하시며 인류의 모든 길을
주목하시며 그의 길과 그의 행위의 열매대로 보응하시나이
다  렘 32:19

### 성령의 열매는 아홉 가지 맛이 모두 나야 합니다

그렇다면 우리는 어떤 열매를 맺으며 살아가야 할까요?
성경에 등장하는 신앙의 열매는 그 종류도 참 다양합니다. 입
의 열매(잠 12:14; 13:2; 18:20), 혀의 열매(잠 18:21), 입술의 열매(사
57:19; 호 14:2), 손의 열매(잠 31:31), 내 몸의 열매(미 6:7)와 같은
우리 행위의 열매들입니다.

또한 행위의 열매(잠 1:31; 사 3:10; 렘 32:19; 미 7:13), 의인의 열
매(잠 11:30), 공의의 열매(사 32:17; 암 6:12)라는 표현으로 우리가

맺어야 하는 열매들을 소개하고 있습니다.

신앙의 열매를 이야기할 때 빼놓을 수 없는 것이 바로 성령의 열매입니다.

> 오직 성령의 열매는 사랑과 희락과 화평과 오래 참음과 자비와 양선과 충성과 온유와 절제니 이같은 것을 금지할 법이 없느니라 갈 5:22-23

이 말씀에서 '성령의 열매'를 뜻하는 헬라어 단어 '카르포스'는 단수로 되어 있습니다. 그러니 성령의 열매는 그 종류가 아홉 가지가 아니라, 하나의 열매에 아홉 가지의 맛이 난다는 것으로 이해할 수 있습니다. 성령의 열매는 오미자보다 맛을 더한 구미자인 것입니다.

같은 열매라 할지라도 신 맛이 더 나거나, 단맛이 더 날지언정 그 맛은 다 들어 있습니다. 성령의 열매도 마찬가지입니다. 어느 부분이 조금 더 강하게 드러나거나 약할 수 있지만 아홉 가지의 맛이 다 들어 있어야 합니다. 그러니 "나는 성령의 열매 중 충성의 열매는 있어도 온유의 열매는 없어"라는 식의 말은 앞뒤가 맞지 않습니다. 그것은 그 사람 개인의 성향이지 성령의 열매가 아닐 가능성이 높습니다.

그래서 우리는 개인의 기질과 성령의 열매를 구분해야 합니다. 주도형 사람은 기질적으로 열심이 있어서 충성할 수 있

성경 속 환경이야기

고, 안정형 사람은 기질적으로 온유하고 오래 참을 수 있습니다. 사교형 사람은 기질적으로 희락과 화평이 가득할 수 있고, 신중형 사람은 기질적으로 철저하고 절제할 수 있습니다. 기질적인 성향을 열매라고 착각해서는 안 됩니다.

열매는 겉모습으로 평가받지 않습니다. 맛으로 평가받습니다. 그리고 그 맛이 오묘하게 잘 어우러져 있는 열매가 더 상급의 열매입니다. 어느 한 가지의 맛이 더 두드러지는 것은 그리 좋은 열매가 아닙니다. 열매의 수준은 맛의 강도뿐 아니라 맛들의 조화에 달려 있기 때문입니다.

그러니 사랑과 희락과 화평과 오래 참음과 자비와 양선과 충성과 온유와 절제, 이 아홉 가지의 모습이 잘 조화를 이루어 하나님이 영광 받으시는, 잘 익은 최상급 성령의 열매를 맺으며 살아가야 합니다.

### 녹색혁명

1940년대 필리핀과 멕시코에서 쌀과 밀의 신품종이 개발되어, 덕분에 기존보다 두 배 이상 수확할 수 있게 되었습니다. 그러나 신품종은 환경에 대한 저항성이 약하기 때문에 화학비료와 농약을 사용해야만 했습니다.

농약은 농작물을 재배하고 저장하는 중에 생길 수 있는 병이나 해충, 잡초를 방제하는 데 사용하는 것으로 살균제, 살충제, 제초제 등으로 나눕니다. 이 같은 농약은 독성이 강하고 암을 유발하는 성질을 가진 것이 많습니다.

### 비료

흙의 생산력을 늘려 주고 농작물이 잘 자라도록 하기 위하여 사용하는 영양분을 말합니다. 퇴비와 같은 유기질 비료와 질소, 인산질 비료 같은 화학비료가 있습니다. 화학비료는 식물의 성장을 위해 필요한 질소, 인, 칼륨을 화학적으로 합성하여 만듭니다. 질소 비료 생산을 위해 암모니아 합성에 성공한 독일의 화학자 프리츠 하버는 1차 세계대전이 발발하자, 암모니아로 화약을 대량 생산하고 대량 살상을 위한 독가스를 개발하였습니다. 화학비료도 결국 하나님의 방법을 거스르는 탐욕에서 나왔음을 짐작케 하는 역사적 사례입니다.

## 친환경 농산물

친환경 농산물은 환경을 보호하기 위해 농약이나 화학비료를 사용하지 않고 생산하는 농산물입니다.

요즘에는 유기질 비료(퇴비)도 사용하지 않는 '무투입 농법'이 시도되고 있습니다. 자연농법 전문가들은 유기질 비료도 주게 되면 영양분이 더 많아져서 해충이 더 많아지게 되고, 과실나무는 영양분을 쉽게 얻을 수 있기 때문에 뿌리를 땅속 깊이 내리지 않아서 낮은 저항력과 더 큰 태풍 피해의 원인이 된다고 말합니다.

## 생활 속 실천 tip

가정과 교회에서 친환경 밥상 수칙을 만들어서 실천하며 일용할 양식을 주시는 하나님께 늘 감사합시다. 친환경적으로 농사를 짓고 가축을 기르는 농가를 방문해 보고, 세계 곳곳에 식량이 부족한 나라의 아이들에게 위로의 편지와 식량을 보내는 일에도 참여해 봅시다.

# 2
# 자원, 어떻게 써야 할까

몇 년 전에 티베트로 단기선교를 다녀왔습니다. 티베트의 시골 지역은 아직도 가축의 배설물로 난방을 하고 있었습니다.

티베트는 소나 양, 염소와 같은 가축도 키우지만 주로 '야크'라는 뿔이 길고 털이 긴 가축을 목축하고 있었는데, 목축을 하는 시골의 집들 옆에는 어김없이 야크의 배설물 무더기들을 볼 수 있었습니다. 여름인데도 집집마다 여러 가지 모양으로 제법 많은 양의 배설물을 쌓아 놓고 있었습니다. 그 배설물은 겨울 난방 연료로 귀하게 쓰이기 때문입니다.

예전에 몽골 선교사의 간증에서 들은 적이 있습니다. 어느 날 한 원주민 성도가 예배 중에 은혜를 많이 받고 헌금이라고 무언가를 한 포대 가득 들고 왔는데, 열어 보니 소똥이 가득 들어 있었다고 합니다. 소똥을 교회에 헌물하다니 이해가 안 되겠지만 몽골의 시골에서는 아주 귀한 난방 연료이기 때문에 그랬던 것입니다.

성경 속 환경이야기

그런데 그날 이후 동네의 소라는 소는 다 그 성도의 집 앞에서 배설을 해서 매일 한 포대씩 소똥을 헌물할 수 있었고, 덕분에 원주민 성도와 교회는 그해 겨울을 아주 따뜻하게 잘 보낼 수 있었다고 합니다.

가축의 배설물에는 메탄과 같은 유기성분이 들어 있기 때문에 땔감으로 사용하기에 충분합니다.♣ 소와 같은 가축들은 메탄가스를 많이 방출합니다. 메탄가스도 지구온난화가스이기 때문에 사실 가축들이 방출하는 메탄가스들도 오염물질이 됩니다. 하지만 이 메탄가스를 잘 회수하여 축적하면 좋은 에너지원이 될 수 있습니다. 우리가 사용하고 있는 천연가스(LNG)의 주성분이 바로 메탄가스이기 때문입니다.

♣ **바이오에너지**
사탕수수와 옥수수 등을 발효하여 에탄올을 만들거나 농축산 폐기물을 공기가 없는 혐기성 조건에서 발효하여 메탄가스를 만들어 연료로 사용하는 것입니다. 이런 바이오에너지의 원료가 되는 바이오매스를 곡물로부터 얻게 되면 식량난에 부정적인 영향을 미치기 때문에 잡초나 해조류 같은 비식용성 식물을 이용하는 기술이 개발되고 있습니다.

## 자원 고갈이 머지않았습니다

또 광명체들이 하늘의 궁창에 있어 땅을 비추라 하시니 그대로 되니라 창 1:15

태초에 하나님은 태양을 만들어 주셨습니다. 태양에너지는 동식물은 물론 만물의 에너지원입니다. 생태계는 이 태양에너지만으로도 필요한 대부분의 에너지를 공급받습니다.

하지만 인간은 다릅니다. 특별히 산업혁명 이후에 점점 더 많은 에너지를 사용하게 되었습니다. 하나님은 그런 필요를 미리 다 아시고 막대한 에너지 자원을 땅속 깊은 곳에 준비해 주셨습니다.

그 대표적인 것이 바로 석탄과 석유입니다. 석탄은 나무들이 죽어서 땅속에서 묻히고 오랜 시간 동안 탄화되어 만들어진 것입니다. 산업혁명 초기에는 에너지 자원으로 석탄을 주로 사용했습니다. 하지만 석탄은 효율도 낮고 환경오염 문제도 있었습니다. 런던의 스모그♣가 대표적인 석탄 사용에 의한 환경 문제였습니다.

여러 가지 이유로 최근에는 석유를 더 많이 사용하고 있습니다. 석유는 공룡이나 거대한 동물들이 죽어서 땅속에서 오랜 세월 동안 분해되어 만들어진 것이라고 생각하는 사람들이 있는데 그렇지 않습니다. 석유는 바다에 사는 아주 작은 동물 플랑크톤이 오랫동안 무수히 많은 수가 죽어서 바다에 가라앉고 분해되어 만들어진 것입니다.

석유는 '돌 석'(石)자와 '기름 유'(油) 자를 써서 '돌 사이에서 나오는 기름'이라는 뜻을 가지고 있습니다. 땅속 암석층 사이에 고여 있는 것을 시추해서 얻기 때문입니다. 이것 역시 하나님의 은혜입니다. 인간이 아무리 산업혁명을 일으키고 과학 발전을 이룩했다 할지라도 하나님이 반석 아래에 에너지 자원을 준비해 주시지 않았다면 지금과 같은 발전을 이룰 수 없었을 테니 말입니다.

♣ 런던 스모그
석탄에 함유되어 있는 황이 연소되면서 이산화황이 발생하는데, 이 이산화황의 독성으로 인하여 안개가 많은 런던에서 1952년 12월에 회색 스모그가 발생하였고, 4일간 약 4천 명이 사망하였습니다.

그런데 문제는 이 에너지 자원들이 한정되어 있다는 것입니다. 인간의 에너지 자원 사용 속도에 비해 천연 에너지 자원이 만들어지는 속도는 너무나 느리기 때문에 결국에는 에너지 자원의 고갈이 인류 앞에 닥칠 것입니다. 석유와 석탄 등의 화석연료를 사용할 때 대기오염이나 지구온난화 같은 환경 문제가 발생하지만 그것보다 더 큰 문제가 바로 화석연료의 고갈입니다.

학자들은 몇십 년 후면 석유가 고갈될 것으로 내다보고 있습니다. 그렇게 된다면 과연 이 세상은 어떤 모습으로 변하게 될까요? 석유는 정제하면 휘발유, 경유, 등유, 난방유, 윤활유, 항공기유, 아스팔트, 석유가스 등의 각종 에너지원을 만들어 냅니다. 그뿐 아니라 페인트, 플라스틱, 합성고무, 합성섬유, 세제, 왁스, 의약품, 화약, 비료 같은 수많은 화학제품들의 원료도 제공하고 있습니다. 따라서 석유의 고갈은 에너지 자원 부족 문제와 더불어서 많은 화학 산업의 원료 부족 문제로도 이어질 것입니다.

**위험한 대안, 원자력에너지**

그럼 다른 에너지 자원을 사용하면 되지 않겠는가 생각할 수 있습니다. 예를 들면 수력발전이라든가, 원자력발전과 같은 에너지원들 말입니다.

수력발전은 댐을 만들어 전기를 생산하는 것을 말합니다. 그런데 이제는 댐을 만든다는 것이 그리 쉽지 않습니다. 그에 따르는 여러 가지 반생태적인 문제점들이 많이 나타나고 있기 때문입니다. 그리고 수력발전으로 모든 화력발전을 대체할 수도 없습니다.

원자력발전<sup>♣</sup>은 핵폭탄의 원리를 이용한 것인데, 핵분열을 일으켜서 발생되는 에너지를 사용하는 것이기 때문에 방사능 오염의 문제와 핵폐기물 처리 문제, 발전소 주변 바닷물의 수온을 높여서 바다 생태계에게 피해를 주는 열오염<sup>♣</sup> 문제 등, 다양한 환경 문제를 포함하고 있습니다. 그리고 원자력은 그 위력에 비례하여 위험도가 너무나 큽니다.

1986년 구소련 체르노빌 원자력발전소의 폭발로 주변 유럽 국가들에서 발생한 엄청난 방사능 오염 사고는 지금도 유럽인들에게 악몽으로 기억되고 있습니다. 무려 수만 명이나 되는 사람들이 죽었고 그 피해는 실로 컸기 때문입니다. 2011년에는 일본 후쿠시마의 원자력발전소가 지진해일로 냉각시스템이 파손되면서 폭발하여 다량의 방사능물질이 누출되는 사고가 발생했습니다. 탈원전에 대한 인식과 전력 생산의 대안 마련이 시급한 실정입니다.

그 외에는 바람을 이용한 풍력발전, 조수간만의 차이를 이용한 조력발전, 화산이나 온천지대의 지열을 이용한 지열발전이 가능합니다. 하지만 바람이 많이 부는 지역, 조수간만의

♣ 핵분열 원자력발전
우라늄이나 플루토늄을 핵분열시켜서 발생되는 열로 수증기를 만들어서 터빈을 돌려 발전하는 것입니다. 연료를 태우지 않아서 대기오염물질을 발생시키지 않고 온실가스인 이산화탄소도 나오지 않지만 원전 사고로 인한 방사성 물질의 유출과 핵폐기물에 대한 안정성 문제는 다른 환경오염과는 비교할 수 없는 큰 피해를 줄 수 있습니다.

♣ 열오염
수질오염의 하나로, 물질에 의한 것은 아니지만 물의 온도 때문에 수중 생태계가 피해를 입는 것입니다. 원자력 발전소의 냉각수로 바닷물을 사용하는데, 다시 바다로 흘려보내는 물의 온도가 7℃ 이상 더 높기 때문에 온도차에 민감한 물고기들의 생존에 치명적인 영향을 미칩니다. 그래서 어업과 양식업에 큰 피해를 줍니다.

성경 속 환경이야기

차가 큰 지역, 화산지대나 온천지대와 같이 특수한 지역에만 사용이 가능하기 때문에 제한이 많습니다.

## 하나님이 에너지원을 준비하셨습니다

수력, 원자력, 풍력, 조력, 지열발전과 같은 것들은 지역에 따른 영향을 많이 받기 때문에 지극히 제한적으로 사용할 수밖에 없습니다. 그리고 전기를 발생시켜서 사용하는 것이 아닌 에너지로의 사용이 어렵습니다. 자동차를 굴리거나 지역 난방을 위해서 이런 방식의 대체에너지를 사용하는 것은 거의 불가능합니다. 에너지의 문제는 전기 생산을 위한 방법뿐 아니라 자동차나 난방과 같은 다른 에너지 사용 방법에 대한 해법도 제시할 수 있어야 합니다.

그래서 요즘 대기오염 문제, 자원 고갈 문제, 지구온난화 문제를 다 해결할 수 있으면서 현 천연가스 엔진과 거의 흡사한 엔진에서 사용할 수 있는 에너지 자원이 주목받고 있는데 그것이 바로 수소입니다. 수소가스는 태우면 수증기만 배출되기 때문에 지구온난화의 주범인 이산화탄소를 만들지 않고 대기오염물질들도 배출하지 않습니다.

또 하나의 대안은 배터리, 즉 전지의 개발입니다. 세계 굴지의 자동차 회사들이 앞다투어 전기 자동차를 생산하고 있습니다. 스웨덴 자동차 회사인 볼보는 디젤 엔진과 가솔린 엔진 개발을 중단했습니다. 이제는 화석연료를 사용하는 내연기관 자동차의 생산을 중단하고 앞으로는 전기 자동차만 생산할 것을 선언했기 때문입니다.

또 주목받고 있는 것이 연료전지입니다. 연료전지는 물을 전기분해하면 수소와 산소로 분해되는 것을 역으로 이용한 것입니다. 이것은 수소와 산소를 반응하여 물과 전기를 생산하는 방식인데 액화수소를 원료로 이용하기 때문에 수소연료전지라고 부르기도 합니다. 이 전지가 획기적인 것은 연료전지가 건물 내에 있으면 웬만한 건물에서 필요한 모든 전기와 물을 생산할 수 있고, 자동차에 이용할 때는 전기 충전보다 더 빠르고 손쉽게 액화수소가스만 충전하면 됩니다. 게다가 배기가스로 수증기만 나와서 매우 친환경적입니다.

다른 형태의 전지는 바로 우리가 가장 많이 들어본 태양전지입니다. 태양전지의 기술도 많이 발달해서 요즘에는 필름 형태로 된 태양전지가 등장하기도 했습니다. 이제 이런 패널을 건물 외벽 유리에 붙이기만 하면 될 정도로 사용도 편리해지고 저렴해지고 있습니다.

마지막으로 인류의 에너지를 위해 가장 중요한 에너지원이 있는데, 바로 태양에너지의 원천인 핵융합 에너지입니다. 핵분열을 이용한 원자력발전은 방사능 오염의 심각한 문제를 야기하지만, 핵융합은 방사능의 문제가 전혀 없는 강력한 원자력발전을 이룰 수 있습니다. 이것은 태양과 별에서 에너지

성경 속 환경이야기

를 만드는 방법으로 수소 두 분자가 결합하여 헬륨이 만들어지면서 발생하는 엄청난 에너지를 이용하는 것입니다. 핵융합 에너지의 상용화가 하루 빨리 이루어진다면 인류의 에너지 문제를 완전히 해결할 수 있을 것입니다. 이것은 하나님이 만드신 에너지를 생산하는 최고의 방법입니다. 항상 하나님이 주신 방법을 잘 이용하는 것이 가장 안전하고 깨끗하며 지혜로운 것이라는 사실을 새삼 깨닫게 해주는 믿음의 증거입니다. 만약 화석연료가 고갈되기 전에 핵융합발전이 가능해진다면 인류의 에너지 문제는 쉽게 해결될 것입니다.

## 영적 에너지 중에 제일은 사랑입니다

사람과 모든 생태계가 살아가는 데에 에너지가 필요하듯이 사람들에게는 영적인 에너지가 필요합니다. 영적인 에너지 중에서 가장 중요한 것이 무엇일까요? 성경은 "믿음, 소망, 사랑, 이 세 가지는 항상 있을 것인데 그 중의 제일은 사랑이라"(고전 13:13)고 말씀합니다. 영적인 에너지들이 많이 있지만 그중에 제일가는 에너지는 바로 사랑이라는 뜻입니다. 또 "하나님이 세상을 이처럼 사랑하사 독생자를 주셨으니 이는 그를 믿는 자마다 멸망하지 않고 영생을 얻게 하려 하심이라"(요 3:16)고 말씀합니다. 그러니 하나님이 이 세상을 구원하시는 영적인 에너지가 바로 사랑인 것입니다.

그 사랑의 크기는 예수님이 하늘 보좌에서 내려와 이 땅에 오신 만큼의 크기입니다. 하나님이 우리에게 주시고자 하는 높은 곳은 하나님 자녀의 자리입니다. 그 자리는 우리 스스로의 힘으로는 오를 수 없고, 세상의 그 어떤 힘으로도 다다를 수 없습니다. 하나님의 아들이신 예수님이 인간의 몸을 입고 이 땅에 오신 것은 사랑하는 우리가 예수님의 그 높으신 보좌의 영적 위치에너지를 힘입어서 하나님의 보좌 앞까지 오르는 구원의 능력을 얻게 하고, 세상을 이기며 사는 자녀의 권세를 누리게 하기 위함이었습니다.

그리고 예수님은 우리에게 "서로 사랑하라"(요 13:34)는 새 계명을 주셨습니다. 예수님이 우리를 사랑하신 것처럼 우리도 서로 사랑하라는 뜻입니다. 우리가 서로 사랑하는 것을 보고 예수님의 제자들인 것을 알 수 있다고 하신 것은 사랑이 우리 믿는 사람들이 살아가야 할 영적인 에너지이기 때문입니다.

예수님은 우리를 구원하시기 위해 십자가에 못 박혀 돌아가시기까지 사랑하셨습니다. 우리도 예수님의 사랑을 본받아 그 능력으로 하나님과 이웃을 사랑하여 온 세상이 사랑이라는 영적인 에너지로 가득 차도록 만들어야 합니다.

## 천연자원은 한정되어 있습니다

그 땅의 금은 순금이요 그 곳에는 베델리엄과 호마노도 있으
며  창 2:12

하나님은 에너지 자원뿐 아니라 천연자원들도 온 땅에 묻
어 두셨습니다. 창세기 1장 28절의 땅을 정복하라는 말씀은
땅속에 숨겨 둔 자원들이 많기 때문입니다. 하나님은 보물찾
기 하시는 하나님이십니다. 땅속에 자원들을 숨겨 두시고 사
람들이 보물찾기하듯이 찾아서 사용할 수 있게 하셨기 때문
입니다.

에덴동산 주변에 있는 하윌라 땅에는 금과 진주와 호마노
를 두셨습니다. 가인의 자손인 두발가인은 구리와 쇠로 여러
가지 기구를 만들었습니다. 하나님은 이렇게 천연자원을 예
비해 두셔서 사람들이 그것들을 이용하여 더욱 발전된 문명
을 이루게 하셨습니다. 사람들은 천연자원을 이용해 농기구
를 만들고 예술품과 장식품들을 만들어서 더 풍요롭고 아름
다운 삶을 누릴 수 있었습니다. 지금은 자원들을 여러 산업의
원료들로 사용하고 있습니다.

이런 자원들은 다시 만들 수 없는, 재생 불가능한 자원이
기 때문에 세계적으로 몇 십 년 안에 대부분 고갈될 것입니
다. 전문가들은 천 년 이내에 모든 자원들이 바닥이 날 거라

고 말합니다. 과소비와 사치가 자원을 낭비하게 만들어서 사람들에게 꼭 필요한 양보다 더 많은 자원들을 사용하고 있기 때문에 더 빨리 고갈되는 것입니다.

자원은 한정되어 있습니다. 한정된 자원을 오래 쓰기 위해서는 아껴 쓰는 것과 더불어서 재사용과 재활용을 해야 합니다. 재사용과 재활용은 쓰레기의 양을 줄여 주고 자원과 에너지를 절약해 주며 환경오염도 줄여 주는 역할을 합니다.

자원을 낭비하여 함부로 버리는 것은 돈을 그냥 쓰레기통에 버리고 땅에 묻어 버리는 것과 같습니다. 돈을 버리는 것이 어리석은 일이듯 자원을 낭비하는 것도 어리석은 일입니다. 하나님이 주신 자원을 지혜롭게 잘 사용하고 아껴써서 오래 쓸 수 있도록 해야 합니다.


### 영적 보물로 은사를 주셨습니다

하나님은 천연자원들을 땅에 묻어 두신 것처럼 우리에게도 영적인 자원을 주셨습니다. 바로 은사입니다. 고린도전서 12장 8~11절은 지혜의 말씀, 지식의 말씀, 믿음, 병 고침, 능력 행함, 예언, 영분별, 방언, 통역과 같은 은사들을 소개하고 있습니다.

은사에는 광물자원처럼 태어날 때부터 하나님이 주신 것도 있고, 에너지자원처럼 하나님께 구하면서 계속 만들어 갈 수 있는 것도 있습니다. 천연자원은 무기를 만들어 남의 나라를 정복하라고 주신 것이 아닌 것처럼 은사도 내가 교만해지고 자랑하라고 주신 것이 아닙니다. 은사는 남을 섬기고 교회에 유익이 되게 하려고 주신 것입니다.

그래서 베드로전서 4장 10절에는 "각각 은사를 받은 대로 하나님의 여러 가지 은혜를 맡은 선한 청지기 같이 서로 봉사하라"는 말씀이 있습니다. 또 로마서 12장 6~8절에서 사도 바울은 "우리에게 주신 은혜대로 받은 은사가 각각 다르니 혹 예언이면 믿음의 분수대로, 혹 섬기는 일이면 섬기는 일로, 혹 가르치는 자면 가르치는 일로, 혹 위로하는 자면 위로하는 일로, 구제하는 자는 성실함으로, 다스리는 자는 부지런함으로, 긍휼을 베푸는 자는 즐거움으로 할 것"이라고 권면하고 있습니다. 이처럼 은사를 하나님이 기뻐하시는 방법과, 선한 청지기의 자세로 남을 위해 교회를 위해 사용할 수 있어야 합니다.


## 불순물은 보석을 더 아름답게 합니다

요한계시록에서 묘사된 새 예루살렘의 성곽의 열두 기초석에는 홍보석과 청옥이 포함되어 있습니다. 이것들은 루비와 사파이어인데, 두 보석의 주성분은 똑같이 산화알루미늄입니다.

산화알루미늄은 알루미늄이 산화된 것으로, 흙 속에 매우 흔한, 색깔도 없이 투명한 물질입니다. 그런데 이 산화알루미늄에 크롬이라는 원소가 불순물로 들어가면 빨간색을 띠게 되고, 루비라는 보석이 됩니다. 루비의 색이 가장 아름다우려면 불순물인 크롬이 약 0.3퍼센트 정도 들어 있어야 한다고 합니다. 적당한 불순물이 최상급 루비를 만드는 것입니다.

사파이어도 마찬가지입니다. 사파이어의 파란색은 산화알루미늄 속에 들어 있는 철과 티타늄 불순물 때문입니다. 적당히 불순물로 들어가 있는 철과 티타늄 때문에 최고의 빛깔을 가진 사파이어가 되는 것입니다.

열두 기초석에는 자수정도 포함되어 있습니다. 수정은 원래 투명합니다. 규소산화물인 수정은 모래의 주성분인데, 여기에 산화철이 불순물로 들어가면 예쁜 보라색 자수정이 됩니다. 모래가 불순물 때문에 보석이 되는 것입니다.

우리 자녀들이 남들과 똑같이 자라면 값진 보석이 될 수 없습니다. 남들과 다르게 자라야 합니다. 같은 부모의 몸에서 났다고 하더라도 각자 지닌 고유한 특징이 그 아이를 루비로 만들 수도 있고, 사파이어로 만들 수도 있습니다. 우리가 생각하기에 불순물 같아 보이는 부분이 자녀를 더 아름답게 만들고 더 값지게 만든다는 것을 기억해야 합니다. 그 불순물이 도리어 하나님의 선물인 것입니다. 그것을 부모가 함께 발견해 주고 잘 계발될 수 있도록 도와줄 때, 작은 불순물로 인해서 보석의 빛깔이 아름다워지듯이 자녀들이 아름답게 빛날 수 있게 될 것입니다.

보석이라고 하면, 빼 놓을 수 없는 것이 바로 금강석, 즉 다이아몬드입니다. 다이아몬드는 에덴동산에 있었던 보석입니다(겔 28:13). 다이아몬드는 연필심으로 쓰이는 흑연과 같은 재료인 탄소로만 되어 있는 광물이지만, 흑연과 달리 아주 높은 온도와 압력에서 만들어집니다. 흑연은 탄소가 평면적으로 결합되어 있어서 쉽게 부서지지만, 다이아몬드는 탄소가 사방팔방으로 입체적인 결합을 하고 있어서 그 어떤 물질보다 단단합니다.

같은 탄소여도 누군가는 흑연으로 연필심의 인생을 살아가고, 또 누군가는 맑고 투명한 광채가 뛰어나 가장 귀한 보석으로 대접받으며 살아갑니다. 아이들이 타고난 재능이 있어도 어떤 과정을 거치느냐에 따라서 흑연 같은 인생을 살 수도 있고, 다이아몬드 같은 인생을 살 수도 있습니다. 연단의 과정은 힘들지만 하나님의 말씀과 성령의 인도하심의 과정을 통해 다이아몬드처럼 귀하게 쓰임 받는 자녀가 다 될 수 있을 것입니다.

## 석유

유전에서 얻은 석유를 원유라고 하는데 이것을 정제하면 여러 가지 기름과 가스와 석유화학 제품들의 원료가 나옵니다. 석유(石油, Petroleum)는 독일의 광물학자 '게오르크 바우어'가 처음 사용한 용어로, 반석을 뜻하는 라틴어 '페트라'(petra)와 기름은 뜻하는 라틴어 '올레움'(oleum)을 합성하여 만든 말입니다. 즉 석유는 '반석 기름'이라는 뜻입니다. 19세기 말에 독일에서 휘발유 엔진 자동차가 나오고 20세기 초에 미국 포드사가 자동차를 대량으로 생산하면서 본격적인 석유의 시대가 열렸습니다.

유전에서 나오는 천연가스는 영하 161℃로 냉각시키면 액화천연가스(LNG, Liquidified Natural Gas)를 얻을 수 있는데 메탄이 주요 성분입니다. 석유를 정제하는 과정에서 만들어지는 가스는 주로 프로판가스와 부탄가스로 구성되어있는데 이 가스를 액화한 것은 액화석유가스(LPG, Liquidified Petroleum Gas)라고 합니다.

## 천연 대체에너지

태양에너지를 사용하는 방법에는 태양열을 그대로 사용하여 온수나 난방에 활용하는 방법과 태양열을 반사경으로 모아서 그 열로 수증기를 만들어 터빈을 돌려 발전하는 방법, 태양전지를 이용해서 빛을 직접 전기로 변환하는 방법들이 있습니다.

수소에너지는 액화수소가스를 LNG처럼 연료로 사용하는 것과 수소를 산소와 결합할 때 나오는 전기를 충전하여 사용하는 연료전지 방식이 있습니다. 이 외에도 풍력, 조력, 지열을 이용하는 다양한 천연 대체에너지들이 있습니다.

## 원자력에너지

우리가 지금 사용하고 있는 원자력에너지는 원자폭탄의 원리로 핵분열을 서서히 일으켜서 발생한 열로 터빈을 돌려 전기를 얻는 것입니다. 또 다른 원자력에너지는 수소폭탄의 원리로 핵융합을 통해서 얻은 열로 전기를 얻는 것인데 1억℃의 초고열을 가둘 수 있는 고도의 기술이 필요하기 때문에 아직 개발 단계에 있습니다. 핵분열 방식은 방사능 오염과 핵폐기물의 위험이 있지만 핵융합 방식은 태양에서 수소를 결합시켜서 헬륨을 만드는 원리를 이용하여 방사능 위험이 전혀 없는 청정에너지를 생산할 수 있습니다.

### 천연자원

천연자원에는 철, 구리, 알루미늄 같은 금속 광물자원과 시멘트, 진주, 다이아몬드 같은 비금속 광물자원, 석유와 석탄과 같은 에너지 광물자원이 있습니다. 이런 천연자원들은 다시 만들 수 없는 자원이기 때문에 재생 불가능한 자원이라고 합니다.

전 세계적으로 금은 28년, 구리는 255년, 철은 67년, 석유는 40년, 천연가스는 61년 정도가 지나면 고갈될 것이라고 예상하고 있습니다. 하지만 고갈 수명은 채산성에 따라서 달라집니다. 채굴 기술이 발달하고 비용이 저렴해지면 그동안 경제성이 없었던 광물들도 채굴할 수 있게 되기 때문에 고갈 수명은 더 연장될 수 있습니다.

### 광업의 환경 문제

광업은 채굴, 채광과 선광, 그리고 제련의 3단계의 과정을 거치는데, 각 단계별로 오염과 폐기물을 발생시킵니다. 채굴과 채광, 선광 과정에서 나온 폐기물에 의해서 중금속(비소, 카드뮴, 납, 아연)으로 토양과 수질을 오염시키고, 제련 과정을 통해서 발생한 아황산가스와 중금속 증기로 대기오염을 일으킵니다.

### 재활용과 업사이클링

재활용품은 여섯 가지로 분류합니다. 첫째는 신문, 책, 박스,

우유팩과 같은 종이류, 둘째는 옷이나 담요 같은 천류, 셋째는 음료수 캔이나 부탄가스 용기와 같은 캔류, 넷째는 스테인리스 그릇, 수저, 동파이프와 같은 고철류, 다섯째는 청색병, 갈색병, 무색병 등의 병류, 여섯째는 식료품 통이나 샴푸통과 같은 플라스틱류로 나눕니다.

요즘에는 단순히 재활용(Recycling)을 하는 것이 아니라 재활용품에 디자인이나 활용도를 더해서 가치를 높인 제품으로 재탄생시키는 업사이클링(Upcycling)이 관심을 끌고 있습니다. 업사이클링으로 재활용 의류를 새로운 디자인의 옷이나 가방으로 만들기도 하고, 버려진 현수막으로는 가방이나 지갑을 만들기도 하고, 폐기물로 나온 문짝이나 서랍으로는 인테리어 소품을 만들기도 합니다. 음식물 쓰레기를 지렁이로 분해하여 토질개선제인 분변토를 만들거나 EM(유용한 미생물)으로 액비를 만들기도 합니다.

### 생활 속 실천 tip

주택이나 교회를 건축할 때 지열난방을 설치하거나 소규모 태양전지를 설치하고 냉난방 온도를 적절하게 하여 에너지를 절약합시다. 쓰지 않는 물품들로 일일장터를 정기적으로 열어서 재사용을 통한 자원 절약을 생활화합시다.

# 하나님이 맡기신 동물과 식물

미국에 유학을 가자마자 얼마 되지 않아서 학교 기숙사 주변에 있는 잔디밭에 들꽃이 예쁘게 피어 있기에 작은 꽃 한 송이를 꺾었습니다. 그런데 갑자기 멀리 있던 미국인 할머니가 소리를 지르며 제게로 달려오는 것이었습니다. 미국에 온 지 얼마 되지 않아서 아직 영어를 잘 못 알아듣기도 했지만 그 상황이 너무 당황스러워서 더더욱 무슨 말을 하는지 전혀 알아들을 수가 없었습니다. 다만 화를 내는 이유는 짐작할 수 있었습니다. 바로 제가 들꽃을 꺾었기 때문입니다. 할머니는 "들꽃을 왜 꺾느냐, 꺾지 말라"고 하시는 것 같았습니다. 얼마나 혼이 났는지, 벌개진 얼굴로 "sorry"를 거듭하면서 그 자리를 도망치듯이 벗어났습니다.

나중에서야 미국이 한국에 비하면 꽃이 참 귀한 나라라는 것을 알게 되었습니다. 우리나라는 철마다 꽃이 피는데 미국에서 공부하는 동안 계절마다 꽃구경하는 것이 쉽지 않았습

성경 속 환경이야기

니다. 그만큼 들꽃 하나도 귀하다 보니 그렇게 과민하게 반응했던 것 같습니다.

텍사스에서 박사 과정을 할 때는 부활절 예배를 드리고 나면 교회의 목장 식구들이 다 같이 꽃구경을 가는 연례행사가 있었습니다. 한 시간가량 차를 타고 외곽으로 나가면 만나게 되는 야생화 보호구역에서 활짝 핀 텍사스 주의 꽃 블루보넷을 보러 가는 것이었습니다. 온 들판이 파란색 들꽃으로 가득한 곳을 구경하면서 사진도 찍고, 또 오가는 길에 텍사스 시골의 들판에서 한가롭게 풀을 뜯고 있는 소들과 경치를 구경하고, 시골 스테이크하우스에서 손바닥 두 배보다 더 크지만 아주 저렴하고 신선한 스테이크의 맛도 즐겼던 시간은 아직도 좋은 추억으로 남아 있습니다. 이처럼 동물과 식물이 우리에게 주는 기쁨과 위로, 그리고 양식으로서의 즐거움이 있습니다.

> 하나님이 땅의 짐승을 그 종류대로, 가축을 그 종류대로, 땅에 기는 모든 것을 그 종류대로 만드시니 하나님이 보시기에 좋았더라 창 1:25

하나님은 태초에 동물을 그 종류대로, 식물을 그 종류대로 창조하셨습니다. 지구상에는 사람이 셀 수 없을 만큼 많은 종류의 생명체들이 살고 있습니다. 약 3천만 종에서 5천만 종이 존재하는 것으로 추정하고 있습니다. 하나님은 사람이 볼 수 없는 아주 작은 생물들도 아름답게 만드시고 사람의 손길이 한 번도 닿지 않는 곳에도 아름다운 생명체들을 자라나게 하셨습니다. 철 따라 피어나는 꽃들의 아름다움과 향기, 새들의 지저귀는 소리들은 사람들을 즐겁게 해주고, 또 과일이나 곡식 그리고 가축의 고기들로 사람들이 맛있게 먹을 수 있게 해주셨습니다.

### 하나님이 맡기신 것을 제대로 돌보지 못했습니다

스텔러바다소는 1741년 북태평양 코만도르스키 제도의 한 무인도에서 처음 발견된 거대한 동물입니다. 몸 길이가 7미터가 넘고, 몸무게는 10톤 내외인, 고래를 제외하고는 가장 큰 바다 포유동물이었습니다. 이 바다소 한 마리에서 3톤 가량의 고기와 지방을 얻을 수 있었는데, 그 고기의 맛은 송아지고기 맛과 비슷했고, 지방은 아몬드기름 같은 맛이 났다고 합니다. 가죽은 장화와 벨트와 보트의 덮개 등으로 사용할 수 있었고, 젖은 직접 마시거나 버터로 만들어 먹을 수 있었습니다.

이 소식이 전해지자 고기와 지방과 가죽을 얻기 위해서 사냥꾼들이 몰려가 남획하기 시작했습니다. 스텔러바다소는 너무나 유순하고 사람에 대한 경계심이 없었기 때문에 쉽게 잡을 수 있었습니다. 결국 이 스텔러바다소는 발견된 지 27년만인 1768년에 멸종되고 말았습니다. 만약 지금도 스텔러바다소가 살아 있다면 사람들은 땅에 사는 소들처럼 바다소의 좋은 고기와 가죽과 기름과 젖을 계속 얻을 수 있었을 것입니다.

이렇게 사람들은 고기와 가죽이나 약을 얻기 위해 동물들을 남획하거나 희귀한 식물들은 팔기 위해 마구 채집하여 멸종 위기에 처해 있는 동식물들이 많이 있습니다. 환경오염이나 무분별한 개발 때문에 사는 곳이 없어지거나 사람들이 외래종을 들여와 생태계에게 위협을 주어 멸종 위기에 처한 생물들도 많이 있습니다.

우리나라에서 가장 유명했던 외래종은 바로 황소개구리일 것입니다. 황소개구리는 1970년대에 식용 목적으로 일본과 미국에서 들여왔는데, 소득에 별로 도움이 되지 않자 사람들이 무단으로 방류하면서 우리나라 생태계에 유입되기 시작했습니다. 그런데 황소개구리의 먹성이 워낙 좋아서 천적인 뱀까지도 잡아먹으며 생태계를 온통 흔들어 놓았고, 전국의 저수지를 다 차지할 정도로 기승을 부렸습니다. 다행히 유입된 지 30년이 지난 2000년대에 들어오면서 너구리, 족제비, 뱀과 가물치와 메기 같은 토종들이 황소개구리의 천적 역할을 해주어 지금은 다행히 개체수가 감소하고 있다고 합니다.

1880년대 하와이에서는 걱정거리였던 쥐를 잡기 위해서 몽구스를 들여왔습니다. 그런데 쥐는 야행성이어서 밤에 활동을 하는 반면에, 몬구스는 주행성이어서 먹이를 찾지 못하고 도리어 쥐의 천적인 뱀을 잡아먹었습니다. 그 때문에 쥐가 더 늘어나는 결과를 초래했습니다. 이처럼 사람들의 섣부른 판단과 욕심으로 발생된 외래종의 유입은 생태계에게 큰 타격을 주어서 토종생물들이 멸종하는 원인이 되고 있습니다.

우리나라의 비무장지대는 60여 년 동안 개발되지 않고 오염되지 않아서 생태계가 잘 보전되어 있습니다. 쾨펜 기후구분♣ 중에서 남한은 온대, 북한은 냉대 기후대에 속하는데, 비무장지대는 온대와 냉대 기후 사이에 존재하는 지역으로, 세계적으로 드물게 이 기후대의 생태계가 잘 보전되어 있는 곳으로 꼽힙니다. 비무장지대는 세계적인 생태계의 보고의 역할을 해 줄 것입니다.

그런데 비무장지대가 야생생물의 천국이 될 수 있었던 것이 사람들의 발길이 거의 닿지 않았기 때문이라는 사실은 동식물에 대한 사람들의 책임이 얼마나 큰지를 돌아보게 해줍니다. 하나님은 모든 생물들을 사람들에게 맡겨 주셨습니다. 그러나 사람은 잘 다스리지 못했습니다. 하나님의 자녀인 우리는 생태계를 잘 보전하고 동식물들을 보호해야 합니다. 먼저 우리 주변에 있는 야생동물과 야생식물들부터 잘 보호해야 합니다. 가축이나 반려동물들을 잘 보살피는 것도 하나님이 기뻐하시는 일입니다. 모든 생명체의 주인은 하나님이시므로 사람들이 함부로 대해서는 안 됩니다. 우리는 풀 한 포

♣ 쾨펜 기후구분
독일의 기상학자인 쾨펜이 1884년에 고안한 기후구분으로, 세계 식생 분포에 맞춰 6기후대(열대, 건조, 온대, 냉대, 한대, 고산)와 24기후구로 구분하였습니다. 현재는 개정되어 12기후구를 사용하고 있습니다.

성경 속 환경이야기

기, 꽃 한 송이, 작은 생물 하나까지도 보호하고 가꾸는 동물과 식물의 보호자가 되어야 합니다.


## 하나님이 기르시고 돌보십니다

지금도 하나님은 창조하신 모든 동물과 식물들을 먹이시고 입히십니다. 성경은 "공중의 새를 보라 심지도 않고 거두지도 않고 창고에 모아들이지도 아니하되 너희 하늘 아버지께서 기르시나니… 들의 백합화가 어떻게 자라는가 생각하여 보라 수고도 아니하고 길쌈도 아니하느니라 그러나 내가 너희에게 말하노니 솔로몬의 모든 영광으로도 입은 것이 이 꽃 하나만 같지 못하였느니라"(마 6:26-29)고 기록하고 있습니다. 이처럼 하나님은 하찮아 보이는 생물들까지 돌보아 주고 계십니다. 참새 하나라도 하나님의 허락 없이는 땅에 떨어지지 않는다고도 말씀하십니다.

예수님은 이렇게 작은 참새와 들풀들도 하나님이 보살펴 주시는데 우리는 이들보다 더 귀하게 여기며 돌봐 주시지 않겠느냐며 다음과 같이 말씀하셨습니다.

오늘 있다가 내일 아궁이에 던져지는 들풀도 하나님이 이렇게 입히시거든 하물며 너희일까보냐 믿음이 작은 자들아 그러므로 염려하여 이르기를 무엇을 먹을까 무엇을 마실까 무엇을 입을까 하지 말라 이는 다 이방인들이 구하는 것이라 너희 하늘 아버지께서 이 모든 것이 너희에게 있어야 할 줄을 아시느니라 그런즉 너희는 먼저 그의 나라와 그의 의를 구하라 그리하면 이 모든 것을 너희에게 더하시리라  마 6:30-33

하나님이 돌보시는 동물과 식물들을 우리도 잘 보호해야 합니다. 또 그들까지도 돌보시는 하나님이 자녀 된 우리도 돌보고 계신다는 것을 믿고 무엇을 먹을까, 무엇을 마실까, 무엇을 입을까 염려하지 말고 하나님의 나라와 의를 구하며 살아야 할 것입니다.

## 나의 목자 되시는 하나님, 여호와 로이

양은 매우 연약한 동물입니다. 자신을 지킬 수 있는 힘도 없고, 먹이를 구하거나 쉴 만한 곳을 찾을 능력도 없습니다. 그래서 목자의 세밀한 보살핌과 인도가 필요한 동물이 바로 양입니다. 우리 인간들도 영적으로는 너무나 연약하고, 가야 할 길을 제대로 찾지 못하는 존재이기에 세밀한 영적 보살핌과 바른 인도함을 필요로 합니다.

시편 23편에서 다윗은 이스라엘 왕국이 안정을 이룬 시점에 자신이 지나온 삶을 회고하며 노래합니다. 젊은 시절 양을 치는 목동이었던 자신의 경험을 바탕으로 하나님이 평생 자

성경 속 환경이야기

신의 목자가 되어 주셨음을 고백하고, 지금까지 선하게 인도해 주셨음을 찬양합니다.

이때 다윗이 고백한 하나님의 이름이 '여호와 로이'입니다. 이 말은 목자라는 뜻의 히브리어 단어 '라아'(raah)에 1인칭 소유격 어미가 붙어서 '하나님은 나의 목자'라는 뜻을 가지고 있습니다. 양 무리 전체의 목자가 아니라 '나만의 목자'라는 것입니다. 나를 너무 잘 아시고, 나의 필요를 채워 주시며, 나에게 꼭 맞는 길로 인도하시고, 나와 함께 하시고, 나를 지켜 주시고 보호하시며, 특별하게 여기시고, 귀하게 여겨 주시는 분이시라는 것입니다.

예전에 일본 후쿠오카로 단기선교를 갔을 때 일본인 대학생을 만났는데, 그의 간증을 잊을 수 없습니다. 일본은 문화적으로나 성향 상 자신처럼 노방에서 찬양하면서 전도하는 사람이 거의 없다고 합니다. 이렇게 열정적으로 전도하는 자신의 모습을 하나님이 얼마나 기뻐하실까 궁금해서 기도했을 때, 하나님이 환상으로 테이블에 예수님과 자신, 단 둘만 앉아 있는 모습을 보여주셨습니다. 그때 '아, 내가 하나님께 아주 특별한 사람이구나'라는 생각이 들었다고 했습니다. 그런데 그 순간 옆을 돌아보니 테이블이 수없이 많이 놓여 있고, 그 테이블마다 두 사람씩 앉아 있는데, 그중 한 분은 모두 예수님이었다는 것입니다.

하나님은 각 사람에게 모두 특별하게 대해 주시는 분이십니다. 우리 모두에게 하나님은 '나의 목자'가 되어 주십니다. 목자 되신 하나님, '여호와 라아'가 아니라 나의 목자 되시는 하나님 '여호와 로이'인 것입니다.

목자의 지팡이와 막대기는 감람(올리브)나무의 가지로 만듭니다. 뿌리에서 나온 가지(네째르)로 지팡이를 만들어 양들을 인도할 때 사용하였고, 줄기에서 나온 가지(호테르)는 줄기에 붙은 부위가 두툼한 뭉치 모양을 하고 있어서 사자나 곰이나 독사의 머리를 공격하여 양을 보호하기 위한 막대기로 만들어 사용하였습니다.

하나님은 우리도 양들처럼 딴 길로 갈 때 바른 길로 가도록 영적인 지팡이로 지켜 주셨고, 악한 영들이 공격해 올 때 하나님이 영적인 막대기로 악한 세력들을 물리쳐 주셨습니다. 지금까지 아무 탈 없이 잘 지내 온 것은 다 나의 목자 되신 하나님의 보호하심과 지켜 주심 덕분이었습니다.

## 더 알아보기

### 동식물을 보호해야 하는 이유

하나님이 창조하신 모든 생명체는 훼손과 파괴 없이 보전되어야 하며, 동식물들에게도 하나님이 부여해 주신 고유한 생존권이 있습니다. 하나님은 안식일에 모든 가축들도 쉬게 할 것을 명령하셨습니다(신 5:14).

### 멸종 위기 야생생물의 보호

우리나라는 멸종 위기에 처해 있는 야생생물들을 법으로 지정하고 보호하며 관리하고 있습니다. 멸종 위기 야생생물은 1급과 2급으로 나누어서 관리하고 있는데, 1급은 개체수가 크게 줄어서 보호가 시급한 50여 종이 지정되어있고, 2급은 가까운 미래에 멸종 위기에 처할 우려가 있는 200여 종이 지정되어 있습니다. 1989년에 92종이 지정된 이래 해마다 늘고 있는 추세입니다.

세계적으로 멸종 위기에 처한 야생동식물들을 보호하기 위해서 만든 적색자료 목록에는 국제조류보호회의와 국제자연보호연합에서 지정한 멸종 위기에 처해 있는 동식물의 목록과 상황과 보호 대책들이 기록되어 있습니다. 또 멸종 위기 야생 동식물을 보호하기 위해서 유전자은행을 만들거나 야생동물 보호지역을 지정하는 등의 노력도 하고 있습니다. 우리나라에는 조수보호구와 자연생태계보전지역, 국립공원, 천연기념물지역 및 명승 공개제한지역 등의 보호지역들을 지정하고 관리하고 있습니다.

**생활 속 실천** tip

멸종 위기에 있는 동식물들의 이름과 서식지 같은 정보를 통해 관심을 가져 보고, 주변에 살고 있는 야생 동식물들은 어떤 종류가 있는지, 어떻게 보호할 수 있는지를 알아봅시다.

성경 속 환경이야기

# 4
## 찬양과 소음의 차이

제 사무실에는 크고 작은 화분 스물두 개가 있습니다. 선물로 들어왔던 공기정화용 화초와 난초 화분들, 창가의 조그마한 다육식물 화분들, 그리고 건조함을 없애기 위한 수경식물 화병 몇 개와 재미삼아 심어 본 아보카도 화분 등 종류도 다양합니다. 창문마다, 사무실 구석마다, 작은 테이블마다 화분이 있으니 사무실은 매우 친환경스럽습니다.

출근하면 가장 먼저 화분에 물을 주고 환경의 소리 CD를 틉니다. 피아노 찬양곡 CD를 틀기도 하지만 대부분 아침 숲 소리를 틀어 놓습니다. 그러면 사무실은 새소리와 졸졸 흐르는 시냇물 소리로 가득해집니다. 마치 숲 속에 와 있는 것 같고 마음이 편안해집니다. 이런 환경의 소리는 CD로 들어도 실제 숲 속에서 듣는 것과 같은 효과가 있습니다. 특히 새소리 같은 고주파 음은 뇌의 이성적인 영역을 자극해 주기 때문에 설교 준비를 할 때 많이 듣는 편입니다.

♣ 알파파
뇌파의 하나로 뇌피질 후두
부에서 발생되는 8~13헤
르츠의 주파수를 가진 전류
로, 긴장을 풀고 휴식 상태
에 있을 때 주로 나타납니
다. 알파(α)파가 증가한다는
것은 심신이 안정을 취하고
있다는 것을 보여 주는 지
표가 됩니다.

이런 환경의 소리들은 뇌의 알파파♣를 증가시키고, 정신도 맑게 해주며, 스트레스도 완화시켜 줍니다. 불면증에 시달리는 사람도 이런 소리들을 들으면 마음이 편안해질 뿐 아니라 주변의 시계 소리나 냉장고 소리 같은 잡음을 상쇄시켜 주기 때문에 잠을 잘 자도록 만들어 줍니다. 통계적으로 보면 남자는 파도 소리에, 여자는 빗소리에 잠을 더 잘 잔다고 합니다.

예전에 TV프로그램에서 일본의 소리 학교를 본 적이 있습니다. 도시에 사는 사람들이 근교에 나가서 숲속이나 개울가에서 환경의 소리에 귀를 기울여 보는 시간을 갖는 것입니다. 어린 아이부터 어르신들까지 환경의 소리에 민감하게 반응하다 보면 이내 얼굴이 밝아지고 미소가 가득해졌습니다.

이렇게 소리를 듣는 훈련을 하면 도시에서도 환경의 소리들을 얼마든지 들을 수 있습니다. 아침에 일어나면 들려오는 새소리, 여름에는 매미와 장맛비 소리, 가을에는 귀뚜라미 소리가 더 잘 들리고 그 소리에 빠져들 수 있습니다. 오늘 아침에도 새벽예배를 인도하러 집을 나서는데 평소에는 잘 들리지 않았던 맑은 새소리가 들려와서 기분이 참 좋았습니다.

**하나님은 소리들로 찬양받기 원하십니다**

하나님은 우리에게 소리를 만들어 주셨습니다. 하나님이

만드신 소리들은 다 아름답습니다. 산이나 숲 속, 야외로 나가면 들려오는 새소리와 풀벌레 소리, 바람에 흔들리는 나뭇잎과 졸졸 흐르는 시냇물, 파도와 폭포 소리들은 마치 하나님을 찬양하는 아름다운 교향악 같습니다. 하나님이 소리를 만드신 것은 모든 피조물들의 조화로운 소리들을 통해 찬양받고 싶으시기 때문입니다.

거기에 더해서 사람들에게는 노래하고 음악을 만드는 능력까지 주셨습니다. 가인의 자손인 유발은 수금과 퉁소를 연주하는 사람들의 조상이 되었습니다. 사람들은 아주 오래전부터 악기를 연주하고 노래를 불렀습니다. 다윗도 수금을 잘 탔고 수많은 시편의 노래들을 지은 음악가였습니다.

환경의 소리와 음악은 사람들을 편안하게 해주고 기쁨을 줍니다. 그래서 환경의 소리나 음악을 이용하는 음악치료는 정신적인 안정감을 주고 집중력을 높여 주어서 질병을 치유하거나 예방하는 데 많이 쓰이고 있습니다. 사무엘상 16장 23절에 보면, 다윗이 수금을 연주해서 사울의 악령을 떠나게 하는 장면이 나옵니다. 다윗은 음악치료사이기도 했던 것입니다.

좋은 음악을 들으면 식물과 동물들도 잘 자랍니다. 그래서 농작물을 키우거나 가축을 기를 때 클래식 음악 같은 편안한 음악을 이용해 좋은 열매를 맺게 하거나 좋은 고기나 많은 우유와 계란을 얻는 농가들도 있습니다.

## 사람이 만드는 소음은 스트레스를 줍니다

♣소음
시끄러워서 불쾌감을 주는
소리로, 소음에 지속적으로
노출이 될 경우 강한 스트
레스와 함께 수면방해, 혈압
상승, 맥박증가, 혈당상승,
소화불량, 호흡수증가 등을
일으킵니다.

소리 중에는 이처럼 아름답고 듣기 좋은 소리들도 있지만 사람들에게 불쾌감을 주는 소음♣들도 있습니다. 환경에서 들려오는 소리는 듣기 싫은 소리가 하나도 없습니다. 아무리 커도 사람들이 소음으로 느끼지 않습니다. 파도나 폭포 소리는 꽤 큰 소리이지만 사람들은 그 소리에 스트레스를 받지 않고 오히려 안정감을 느낍니다.

하나님이 만드신 소리에는 소음이 없습니다. 소음은 모두 사람들이 만들어 냅니다. 우리는 모든 피조물들을 잘 다스려서 하나님께 영광과 찬송을 올려야 하는데, 오히려 피조물들에게도 피해를 주는 소음을 만들고 있는 것입니다.

소음은 사람과 소리의 종류에 따라 다르게 느껴집니다. 소음은 짜증을 일으키고, 잠을 못 자게 하며, 공부나 일을 하기 힘들게 만듭니다. 심할 때에는 청력 장애까지 일으킵니다. 100데시벨 이상의 소음을 계속 들으면 영구적인 난청이 되거나 청력을 완전히 잃을 수도 있습니다. 이어폰이나 헤드폰을 끼고 음악을 아주 크게 지속적으로 듣는 것은 난청의 원인이 될 수 있습니다.

하나님이 소리를 만들어 주시고 사람들에게 음악을 허락하신 것은 창조주 하나님을 찬양하기 위해서입니다. 이렇게 아름다운 선물을 사람들에게 불쾌감을 주는 소음으로 바꾸어 버려서는 안 됩니다. 우리에게 소리를 주신 하나님께 감사하

성경 속 환경이야기

며, 우리에게서 나오는 모든 소리가 사람들을 즐겁게 하는 소리가 되고, 우리의 모든 음악이 하나님을 찬양하는 것이 되어야 하겠습니다.

### 하나님은 감사와 송축을 기대하십니다

시편 100편은 "온 땅이여 여호와께 즐거운 찬송을 부를지어다"(1절)라고 시작하면서, 4절에는 찬송의 두 가지 주제를 소개하고 있습니다. 하나는 감사 찬송이고 다른 하나는 하나님의 이름 송축입니다.

> 감사함으로 그의 문에 들어가며 찬송함으로 그의 궁정에 들어가서 그에게 감사하며 그의 이름을 송축할지어다  시 100:4

감사 찬송은 나에게 행하신 일에 대하여 하나님께 감사하며 영광 돌리는 찬송이고, 이름 송축은 하나님과 하나님의 이름을 높여 드리는 찬송입니다.

또 2절에는 하나님을 섬기며 노래할 때는 기쁨으로 하라고 권하고 있습니다.

> 기쁨으로 여호와를 섬기며 노래하면서 그의 앞에 나아갈지어다  시 100:2

우리는 늘 기쁨으로 하나님을 찬양할 수 있어야 합니다. 감사의 고백과 찬송은 하나님을 기쁘시게 할뿐 아니라 우리도 기쁘게 만들어 주기 때문입니다. 하지만 영적인 소음인 분냄과 불평불만은 악을 만들 뿐입니다.

> 분을 그치고 노를 버리며 불평하지 말라 오히려 악을 만들 뿐이라  시 37:8

하나님은 우리에게서 나는 모든 소리가 감사와 찬양이기를 기대하십니다. 하나님을 향해서는 늘 찬송과 송축을 올려드리고, 세상을 향해서는 늘 기뻐하며 감사하는 말을 통해 우리 삶과 세상을 더욱 아름다운 소리로 가득 채워야 합니다.

### 하나님의 목소리를 청종하지 않으면 들려오는 소리들

사울은 하나님의 목소리를 청종하지 않고 다른 소리들을 들었기 때문에 하나님께 버림을 받았습니다(삼상 15:10-24). 그 첫 번째의 소리는 백성들의 소리였습니다.

> 사울이 사무엘에게 이르되 내가 범죄하였나이다 내가 여호와의 명령과 당신의 말씀을 어긴 것은 내가 백성을 두려워하여 그들의 말을 청종하였음이니이다  삼상 15:24

성경 속 환경이야기

우리도 신앙생활을 하면서 하나님의 말씀을 따라 살려고 하지만 사람들의 목소리가 들려올 때가 있습니다. 하나님의 말씀대로 살려고 노력하면 할수록 사람들의 목소리는 더욱 크게 들립니다. 신앙의 상식으로는 당연히 하나님의 목소리를 들어야 한다고 생각하지만 뭔가를 결정해야 하는 순간에 세상을 거스르며 하나님의 말씀에 순종하는 것을 택하는 것은 쉽지 않을 때가 있습니다. 사울과 같은 실수를 범하지 않기 위해서는 하나님의 말씀을 날마다 분명히 듣고 그분의 뜻에 대한 확신을 가져야 합니다. 그래야 하나님의 말씀에 끝까지 순종할 수 있습니다. 그렇지 않으면 어느덧 우리의 마음은 하나님의 목소리에 귀 기울이기보다는 사람들의 목소리에 더 귀 기울이게 되기 때문입니다.

사울이 청종한 두 번째 소리는 욕심의 소리입니다.

사무엘이 이르되 그러면 내 귀에 들려오는 이 양의 소리와 내게 들리는 소의 소리는 어찌 됨이니이까 하니라 삼상 15:14

아말렉 사람들에게서 탈취해 온 양과 소들의 울음소리는 사울의 욕심의 소리를 대변하는 상징적인 소리였습니다. 사울 주변에는 온통 탈취해 온 양과 소의 울음소리만 가득 차 있었습니다.

우리 삶 속에서도 하나님을 높여 드리는 찬양의 소리가

가득하기보다는 욕심을 채우는 소리만 가득할 때가 있습니다. 기도의 내용도 욕심으로만 가득할 때가 있습니다. 그럴 때 우리는 그 소리가 사울 주변에서 들려왔던 탈취해 온 양과 소의 울음소리 같은 욕심의 소리라는 것을 깨달아야 합니다. 내 주변이 욕심의 소리들로 가득 차 있는 것을 깨달을 때 비로소 우리는 하나님을 찬양하는 신앙으로 돌아가서 욕심의 소리에서 찬양의 소리로 돌이킬 수 있게 됩니다.

세상 만물의 소리들은 모두 하나님의 진리를 드러내며 하나님을 찬양하는 교향악입니다. 새, 개구리, 매미, 귀뚜라미들의 소리를 들을 때 '저 미물들도 저렇게 하나님을 아름답고 힘차게 찬양하고 있구나!'라는 생각이 듭니다. 우리의 삶도 하나님을 향한 찬양의 소리와 감사 고백의 소리로 가득해야 함을 깨달을 수 있어야 합니다.

하나님의 말씀에 늘 청종하고, 우리 내면에서 들려오는 성령의 음성에 민감하며, 하나님을 늘 찬양하는 교향악 같은 멋진 신앙인의 모습으로 소리의 복을 누려야 합니다.

## 더 알아보기

### 청각

소리에는 큰 소리와 작은 소리, 그리고 높은 소리와 낮은 소리가 있습니다. 소리의 크기는 음파의 진폭이 얼마나 높으냐에 따라 정해집니다. 사람이 들을 수 있는 소리의 크기는 130데시벨 정도까지입니다.

소리의 높낮이는 음파의 파장으로 결정이 됩니다. 파장이 짧으면 1초당 진동수(주파수)가 많아지게 되고 높은 음을 내게 됩니다. 파장이 길면 진동수가 적어져서 낮은 음을 냅니다. 사람이 들을 수 있는 주파수는 20~20,000헤르츠 범위이고, 대화를 나눌 때의 소리가 200~6,100헤르츠 정도입니다. 20헤르츠 이하의 음파를 초저주파, 2만 헤르츠 이상의 음파를 초음파라고 합니다.

### 음악요법

음악이나 환경의 소리가 사람들의 생리와 심리에 영향을 미치는 효과를 이용하여 몸과 마음의 건강을 위해 음악을 사용하는 것을 음악요법이라고 합니다. 음악요법은 정신적인 안정을 주고 집중력을 높이는 등 질병을 치유하고 예방하는 데

도움을 줍니다. 농작물을 재배하고 가축을 사육할 때에도 음악을 틀어 주면 긍정적인 효과를 냅니다.

## 백색소음

저주파에서 고주파까지 다양한 소리의 성분이 포함되어 있는 소리를 백색소음이라고 합니다. 어느 한 주파수만 강조되어 있는 소리는 스트레스를 유발하는 소음으로 작용하지만, 다양한 주파수의 성분이 포함되어 있는 백색소음은 사람들의 마음을 안정시키는 데 도움을 줍니다. 파도 소리에는 우리의 귀로는 들리지 않고 몸의 진동으로만 느낄 수 있는 아주 저음의 저주파에서부터 고주파의 소리까지 다 들어 있어서 마음의 편안함을 줍니다. 피조세계에서 들려오는 새소리와 나뭇잎이 흔들리는 소리, 풀벌레 소리와 바람 소리, 빗소리와 빗물 떨어지는 소리, 파도 소리와 갈매기 소리, 계곡의 물소리 같은 환경 속 백색소음들은 심리적인 안정감을 주며 스트레스도 해소해 줍니다.

## 생활 속 실천 tip

가족이나 교회 식구들과 야외로 나가서 환경의 소리들을 듣고, 그 소리들에 맞추어서 하나님을 찬양해 봅시다. 핸드폰으로 녹음을 해서 평소에도 들으면 마음이 편안해질 수 있습니다.

성경 속 환경이야기

# 5

# 하나님께 올려드리는 향기

누군가에게 선물을 하려고 할 때 무엇으로 할까 결정하는 것이 정말 어렵습니다. 요즘 가장 무난하면서도 누구에게 주어도 크게 실패하지 않을 선물 중에 하나가 바로 향초나 디퓨저입니다. 이런 물건들은 여러 개 있어도 괜찮고 기호에 큰 영향을 받지 않기 때문입니다.

대표적인 향기들은 라벤더, 로즈마리, 오렌지, 레몬, 장미, 프리지아 등 천연 향들이기 때문에 평소에 집에서 식사 후에 켜 두면 냄새도 금세 잡아 줄 뿐 아니라 향긋한 천연 향이 집 안에 가득해져서 기분도 훨씬 더 좋아질 수 있습니다.

하나님은 우리를 위해 향기를 만들어 주셨습니다. 그래서 음식에 맛있는 냄새가 있고, 꽃에 향기가 있고, 풀 냄새가 있고, 바다 냄새가 있고, 흙 냄새, 비 냄새가 있는 것입니다. 맛있는 음식이 있어도 냄새가 없다면 어떨까요? 좋은 음식 냄새는 음식의 맛도 더 좋게 만들어 줍니다. 하나님은 향기 같은 세밀한 것까지 만들어 주셔서 우리가 더욱 풍성하게 살기를 원하셨습니다. 맛과 향기를 즐기는 것은 하나님이 허락하신 참 멋진 일입니다.

## 향기는 우리를 행복하게 합니다

동물들 중에는 사람보다 냄새를 훨씬 더 잘 맡는 동물들이 있습니다. 대표적인 동물이 '개'입니다. 개들은 사람보다 후각이 100만 배나 더 발달되어 있습니다. 그런데 개들은 맡은 그 냄새를 즐기지 않습니다. 인식을 위한 뛰어난 감각일 뿐입니다. 냄새를 즐길 줄 아는 피조물은 사람밖에 없습니다. 향기는 하나님이 우리에게 주신 아주 특별한 선물입니다. 향기를 창조해 주시고 우리에게 선물로 주신 하나님께 감사할 수 있어야 합니다.

하나님은 눈으로 보고 귀로 듣고 손으로 만질 수 있게 하시면서 코로 향기로운 냄새도 맡을 수 있게 해주셨습니다. 봄에 피는 꽃들의 향기, 가을에 풍성한 과일들의 향기, 맛있는 음식에서 나는 음식 냄새, 이런 향기들은 우리를 기쁘게 하고 풍요롭게 해줍니다.

좋은 향기는 사람들을 즐겁게 할 뿐 아니라 사람의 마음과 정신을 편안하게 만드는 역할도 합니다. 그래서 사람들은 장미향이 나는 향수를 뿌리고 허브의 향기를 이용하는 아로

마테라피로 몸과 마음의 병을 치유하기도 합니다.

그러나 냄새에는 좋은 향기만 있는 것이 아닙니다. 화장실 냄새, 음식쓰레기 냄새, 생선 비린내, 화학약품 냄새와 같은 악취*들은 그 종류도 아주 다양합니다. 악취는 스트레스를 주어서 정신 건강에 나쁜 영향을 줍니다. 악취는 식욕을 잃게 하고, 숨쉬기도 힘들게 하며, 심하면 토하게도 만들고 사는 의욕까지도 떨어지게 합니다.

하나님은 생태계 안에 아름다운 향기들을 많이 만들어 주셨습니다. 그런 향기들을 통해 사람들이 즐거워하기를 원하셨던 것인데, 사람들은 그런 향기를 즐거워하고 누리기보다 오히려 악취만을 만들어 내는 경우가 참 많습니다. 악취는 조금만 노력하면 없앨 수 있는 것들이 많습니다. 악취를 만들지 않고 늘 아름다운 향기만 이 세상에 퍼져나가도록 한다면 이 세상은 더욱 웃는 일이 많아지고 행복할 것입니다.

♣악취
불쾌감을 주는 냄새입니다. 악취의 특징은 악취원을 50퍼센트 제거해도 그 차이를 거의 느끼지 못하고, 거의 100퍼센트 제거해야 비로소 차이를 느끼게 됩니다.

## 하나님께 올려드리는 향기

성경에는 또 다른 향기가 나옵니다. 하나님께 올려드리는 향기입니다.

그가 또 금 향단을 회막 안 휘장 앞에 두고 그 위에 향기로운 향을
사르니 여호와께서 모세에게 명령하신 대로 되니라  출 40:26-27

성전 지성소 휘장 밖 분향단에 아침저녁으로 향을 피워서 그 향의 향기가 하나님 앞에 끊이지 않게 했습니다. 그 외에 구약성경에 나오는 대부분의 향기는 제사 때 드리는 제물의 향기입니다.

> 그 숫양 전부를 제단 위에 불사르라 이는 여호와께 드리는 번제요 이는 향기로운 냄새니 여호와께 드리는 화제니라
> 출 29:18
>
> 그 소제물 중에서 기념할 것을 가져다가 제단 위에서 불사를지니 이는 화제라 여호와께 향기로운 냄새니라   레 2:9
>
> 전제로 포도주 반 힌을 드려 여호와 앞에 향기로운 화제를 삼을지니라   민 15:10

이 말씀들을 보면 태워지는 제물들이 하나님께 향기로운 냄새가 된다고 기록하고 있습니다. 그런데 번제도 화제이고, 소제도 화제이며, 전제도 화제라고 말합니다.

제사에는 제사의 목적에 따라 '번제, 소제, 화목제, 속죄제, 속건제'가 있고, 또 제사의 방법에 따라서 '화제, 요제, 거제, 전제'가 있습니다. 화제는 제물을 태워서 드리는 제사의 방법입니다. 즉 동물과 곡식과 포도주 제물을 태워서 드리는 화제의 제사를 드릴 때 그 제물은 하나님께 향기로운 냄새가 된다는 것입니다.

성경 속 환경이야기

우리가 기억해야 할 첫 번째 영적인 향기는 사람을 즐겁게 하는 향기가 아니라, 하나님께 드려지는 향기입니다. 먼저 우리는 하나님을 향하여 매일 드려지는 분향단의 향기로운 향처럼, 태워서 드리는 향기로운 제물처럼 하나님을 향하는 향기가 되어야 합니다.

요한계시록 5장 8절에는 금 대접에 가득한 향기를 성도들의 기도라고 말합니다. 우리의 기도를 향긋한 향기를 맡는 것처럼 기뻐하신다고 하니 매일 분향단에 드려지는 향처럼 천국이 우리의 기도로 향긋해지도록 해야겠습니다. 로마서 12장 1절에서는 우리의 거룩한 삶의 예배가 하나님이 기뻐하시는 산 제물이라고 했으니 날마다 우리 삶으로 향긋한 산 제물의 향기를 하나님께 올려드림으로 하나님을 기쁘시게 해드려야 합니다.

## 우리가 그리스도의 향기입니다

그런데 성경은 예수님이 먼저 우리를 위하여 향기로운 제물이 되어 주셨다고 말씀하고 있습니다.

> 그는 우리를 위하여 자신을 버리사 향기로운 제물과 희생제물로 하나님께 드리셨느니라 엡 5:2b

그러니 이제 우리가 제물 되신 예수님의 향기가 되어야 합니다. 이 세상에 예수님을 전하는 향기가 되어야 한다는 뜻입니다. 단순히 입으로만 복음을 전하는 차원이 아니라 삶이 그리스도를 드러낼 수 있는 향기가 되어야 합니다.

우리는 그리스도의 향기입니다(고후 2:15). 예수님이 이 땅에 사시다가 하늘로 올라가신 다음 이 땅에 남겨 놓고 가신 향기가 바로 예수님을 믿는 우리인 것입니다. 이 말씀은 얼마나 문학적인지 모릅니다. 우리를 예수님의 증인이라든지 흔적이라고 하지 않고 향기라고 말하고 있으니까 말입니다.

향기는 음식 자체는 아니지만 음식을 기억나게 하고, 음식을 더욱 빛나게 하며, 기대하게 합니다. 그러니 그리스도의 향기인 우리가 성령의 열매의 향기를 내뿜으로써 세상 사람들에게 예수님을 기억나게 하고, 그분을 더 빛나게 하고, 기대하게 해야 합니다.

우리가 아무리 교회를 오래 다녔어도, 우리에게서 악취가 날 수도 있고, 향기가 날 수도 있습니다. 교회를 통해서도 세상 사람들이 악취를 맡고 인상을 찡그릴 수도 있고, 향기로 인하여 위로받을 수도 있습니다.

어떻게 하면 우리에게서 그리스도의 향기가 풍길 수 있을까요? 고깃집에서 밥을 먹고 나오면 몸에서 고기 냄새가 납니다. 꽃집에서 나오면 내 몸에서 꽃향기가 납니다. 우리가 백합화 되시고, 샤론의 꽃 되시는 예수님을 품고 사는 것이

성경 속 환경이야기

바로 아름다운 향기를 낼 수 있는 비결입니다.

향수 한 방울이 온 방을 상쾌하고 향기롭게 만들듯이 그리스도의 향기가 가득한 세상은 분명 다른 세상, 새로운 세상이 될 것입니다. 그럴 때 우리 자신도 이 세상의 향기로운 제물이 되며 하나님을 기쁘시게 하는 향기가 될 것입니다.


## 레바논 백향목 향기 같은 복

내게는 모든 것이 있고 또 풍부한지라 에바브로디도 편에 너희가 준 것을 받으므로 내가 풍족하니 이는 받으실 만한 향기로운 제물이요 하나님을 기쁘시게 한 것이라  빌 4:18


이웃에게 베푼 그리스도의 사랑이 하나님이 받으실 만한 향기로운 제물이 된다고 말씀하고 있습니다.

그런데 그럴 때 하나님은 우리의 향기를 받으시기만 하는 것이 아니라, 우리에게 레바논의 백향목 같은 향기가 되는 복을 주시며, 레바논의 포도주 같은 향기로운 향기 같은 삶을 허락해 주신다는 약속도 하고 있습니다.

내가 이스라엘에게 이슬과 같으리니 그가 백합화 같이 피겠고 레바논 백향목 같이 뿌리가 박힐 것이라 그의 가지는 퍼지며 그의 아름다움은 감람나무와 같고 그의 향기는 레바논 백향목 같으리니 그 그늘 아래에 거주하는 자가 돌아올지라 그들은 곡식 같이 풍성할 것이며 포도나무 같이 꽃이 필 것이며 그 향기는 레바논의 포도주 같이 되리라  호 14:5-7

　　그리스도의 향기를 이 세상에 드러내며 삶으로서 그리스도의 향기를 전하고, 우리의 삶도 향기로움의 축복으로 가득하며 하나님께도 기쁨의 향기가 되어야 합니다.

## 더 알아보기

### 향료

향료는 동물성과 식물성이 있습니다. 동물성 향료에는 사향, 시벳, 앰버그리스, 카스토르 이렇게 네 종류가 있고, 그중에서 가장 대표적인 사향은 사향노루의 냄새주머니를 건조한 것입니다. 시벳과 카스토르는 각각 사향고양이와 비버의 분비물에서 얻으며, 앰버그리스라는 용연향은 향유고래의 배설물에서 얻습니다. 식물성 향료는 꽃, 과일, 잎 등에서 추출해서 얻는데, 그 종류가 100~150종이나 됩니다.

동방박사들이 아기 예수님께 드린 유향과 몰약은 둘 다 식물성 향료입니다. 유향은 유향나무에서 추출한 것으로 성전 분향단의 향 재료나 성별 의식에서 사용된 성유의 재료로 쓰였고, 몰약은 발삼나무의 나무진에서 얻는데 대제사장의 위임식을 위한 거룩한 관유의 재료로 쓰였습니다. 예수님의 시신을 장사하기 위해 니고데모가 몰약과 침향을 가져왔는데, 침향은 상록 교목에서 추출한 향품으로 몰약과 섞어서 시신의 방부제로 쓰였습니다.

## 향기요법

아로마테라피(aromatherapy)는 식물의 향과 약효를 이용해서 몸과 마음을 치료하는 향기치료요법입니다. 향기 나는 식물인 허브에서 추출한 에센셜 오일(essential oil)을 주로 사용하는데, 스트레스를 완화시켜 주고, 면역력을 개선시켜서 몸의 치유 능력을 높여 주며, 세포 재생을 돕는 효과도 얻을 수 있어서 심리적 안정과 병 치료와 피부 미용에도 쓰이고 있습니다.

## 악취 제거

악취가 나는 물질에는 산성 물질, 염기성 물질, 유기성 물질이 있습니다. 산성과 염기성 악취 물질은 물에 잘 녹기 때문에 물을 스프레이로 뿌리며 공기를 씻어 주기만 해도 잘 없어집니다. 그래서 가장 기본적인 악취제거 시설은 물로 공기를 씻어 주는 것입니다. 그 외에도 악취를 없애는 방법에는 숯가루 같은 활성탄으로 흡착하는 방법, 미생물이나 백금 같은 촉매로 분해하는 방법 등이 있습니다.

집에 있는 냄새를 없애기 위해서는 숯과 공기정화 식물을 놓아 두면 많은 도움이 됩니다. 삼겹살이나 생선 구운 냄새는 초를 켜 두면 빨리 없어집니다. 악취를 완전히 없앨 수 없을 때에는 향수와 공기청량제를 뿌리거나 향기가 강한 꽃을 놓아서 악취에 의한 불쾌감을 없애는 방법도 있습니다.

성경 속 환경이야기

야외로 나가서 꽃향기, 나무 향기, 풀 향기, 바다 향기 같은 천연의 향기를 맡아 봅시다. 향초를 이웃과 주변 사람들에게 선물하며 하나님의 사랑의 향기도 나누어 봅시다.

# 4부

주신 것들을

지킴이

사명이다

# 1
## 하나님의 형상대로 사람을 지으시다

하나님은 창조 6일째에 땅 위의 동물들을 종류대로 만드시고 마지막에 사람을 만드셨습니다. 사람은 다른 창조물과 엄청난 차이가 있습니다. 왜냐하면 하나님의 형상을 따라 하나님의 모양대로 사람을 만드시고 코에 특별히 하나님의 생기를 불어넣어 주셨기 때문입니다.

> 하나님이 이르시되 우리의 형상을 따라 우리의 모양대로 우리가 사람을 만들고  창 1:26a
> 여호와 하나님이 땅의 흙으로 사람을 지으시고 생기를 그 코에 불어넣으시니 사람이 생령이 되니라  창 2:7

사람은 하나님의 형상과 모습을 따라 만들어졌습니다. 동물과는 완전히 다른 피조물입니다. 그럼에도 유전학자들은 사람이 원숭이에서 진화되었다고 말합니다. 그러나 사람의

DNA가 원숭이의 DNA와 아무리 비슷하다고 해도 같지 않습니다. 생물체의 구성성분과 아무리 비슷하게 만들어도 무생물체는 생물체와 전혀 다른 것과 같은 이치입니다. 왜냐하면 무생물체에는 생명이 없기 때문입니다.

가까운 나라에서는 가짜 계란이 유통되고 있다는 소식을 들었습니다. 하지만 아무리 성분이 비슷하고 모양이 똑같아도 사람이 만든 가짜에서는 결코 병아리가 태어날 수 없습니다. 마찬가지로 아무리 DNA나 생김새가 비슷하다고 해도 영이 있느냐 없느냐에 따라서 사람과 동물은 전혀 다른 존재입니다.

사람은 동물에게 없는 영이 있습니다. 그래서 사람은 예부터 항상 무엇인가를 숭배해 왔습니다. 영적인 존재이기 때문입니다. 우리는 온 우주만물을 만드신 하나님을 예배합니다. 그러나 동물은 예배할 수 없습니다. 서당 개 3년이면 풍월을 읊을 수는 있어도 교회 개는 30년, 300년이 지나도 하나님께 예배드릴 수는 없는 것입니다. 앵무새에게 말을 가르칠 수는 있어도 하나님께 기도하게 할 수는 없지 않겠습니까?

### 사람만이 창조의 능력과 지혜가 있습니다

영적인 존재로 창조된 사람에게는 하나님이 주신 지혜가 있습니다. 동물들에게도 본능적인 행동과 생각은 있지만 사람에게 있는 창조적인 지혜와 비교할 수는 없습니다. 동물들의 세계에도 뛰어나고 오묘한 행동들이 있습니다. 그리고 사람보다 뛰어난 능력을 가진 경우도 있습니다. 그러나 그것은 동물이 뛰어난 것이 아니라 그 능력을 부여해 주신 하나님의 섭리가 오묘한 것입니다.

동물들은 본능적인 능력을 가지고 있지만 그것을 발전시키지는 못합니다. 하나님이 주신 대로 수백 년, 수천 년 동안 거의 똑같은 모습으로 살아갑니다. 까치나 제비가 집을 정교하게 잘 짓는다고 해도 그 집들을 발전시켜서 아파트형 새의 집들을 만들거나 새들이 모여 사는 빌딩을 세우지는 않기 때문입니다. 수백 년 전에 선조들이 그렸던 그림에 나오는 까치집이나 지금 우리 집 앞에 서 있는 나무 위의 까치집은 변한 것이 하나도 없습니다.

하지만 사람들은 날마다 새로운 것들을 창조해 냅니다. 그것은 사람에게는 하나님의 창조의 능력과 지혜를 주셨기 때문입니다. 사람은 이제 새보다 더 높이 날고, 물고기보다 더 깊은 물속을 다닐 수 있으며, 우주까지도 날아가고 있습니다.

## 하나님이 주신 지혜로 만든 해로운 것들

그런데 사람들은 하나님이 주신 지혜로 건강을 해치는 것들을 많이 만듭니다. 저는 환경공학을 전공하고 난 뒤부터는 가공식품을 잘 먹지 않습니다. 왜냐하면 가공식품에는 어쩔 수 없이 들어가는 화학첨가제들이 있기 때문입니다. 그중 기본적인 것이 보존제입니다. 흔히 방부제라고 하는 보존제는 식품을 상하게 하는 미생물의 증식을 억제시키는 역할을 하기 때문에 유통 과정에서의 안전성을 확보해 줍니다. 그래서 오랜 기간 동안 유통할 수 있는 것입니다.

그리고 식품의 맛과 향과 색을 더 돋보이게 하기 위해서 착향료와 착색제를 첨가합니다. 가공 햄에는 발색제로 아질산나트륨이 들어가는데, 햄을 붉게 보이게 하면서 방부제 효과를 줍니다. 그런데 아질산은 일산화탄소처럼 혈액 속에서 헤모글로빈과 결합하여 산소 운반 능력을 떨어뜨리고, 발암 물질인 니트로소아민을 체내에서 생성하여서 암 발병의 원인이 됩니다.

어릴 때 즐겨먹었던 바나나맛 우유는 바나나가 귀한 수입 품목이었던 시절에 바나나 맛을 값싸게 즐길 수 있도록 하기 위해 출시되었지만 바나나는 전혀 들어 있지 않았습니다. 2009년 법이 개정되면서 실제 과일이 들어가지 않은 제품은 무슨 맛이라는 제품 명칭을 사용할 수 없게 되자 바나나 과즙을 1퍼센트 첨가하기 시작했습니다. 그렇다고 해도 바나나맛 우유의 본래의 맛은 바로 바나나 향을 내는 합성착향료 때문입니다. 딸기우유와 초코우유, 그리고 커피우유에도 딸기 과즙과 초콜릿과 커피가 들어가지만, 딸기 향과 초코 향,

커피 향을 내는 합성향료도 함께 첨가되고 있습니다. 다른 음료와 아이스크림과 과자도 합성색소와 합성향료들이 거의 다 들어간다고 보면 됩니다. 이처럼 가공식품을 먹으면 먹을수록 화학첨가물도 함께 먹는다는 사실을 알아야 합니다.

담배 연기 속에 들어 있는 3,600여 종의 물질 중에 독성 물질과 발암성 물질들이 많아서 다양하면서도 심각한 병을 초래합니다.♣ 그럼에도 겉포장에 심각성을 경고할 뿐 여전히 판매되고 있습니다. 건축 재료에서 발생되는 오염물질들도 많이 있습니다. 단열재나 합판에서 나오는 포름알데히드 같은 새집증후군을 유발하는 물질도 있고, 지금은 사용이 중단되었지만 폐암을 유발하는 단열재 석면도 있습니다. 최근에 이슈가 많이 되었던 폐암을 유발시키는 천연 방사성 물질인 라돈도 건축자재나 가구에서 발생할 수 있습니다.

요즘은 유전자를 조작하여 만든 농작물들이 많이 생산되고 있습니다. 예전에는 유전공학이 발달하면 땅 위의 가지에는 토마토가 열리고 땅 아래 뿌리에서는 감자가 열리는 농작물이 생길 거라고 기대했습니다. 그리고 크기가 엄청나게 커진 농산물이나 가축도 상상했습니다. 하지만 하나님이 주신 방법대로 만들지 않은 식품이나 생활 재료들이 오히려 우리의 건강을 위협하고 있습니다.

♣ 담배 연기 속 독성물질
연탄가스 중독을 일으키는 일산화탄소, 새집증후군을 일으키는 포름알데히드, 발암성인 니트로소아민과 벤조파이렌, 중금속인 카드뮴 외에도 다량의 유독성 물질과 발암성 물질이 포함되어 있습니다.

성경 속 환경이야기

## 호르몬을 교란시키는 오염물질

환경호르몬이라는 오염물질은 환경성 내분비계 교란물질입니다. 환경 중에 배출된 화학물질이 생물체 내에 들어와서 마치 여성호르몬처럼 작용하는 오염물질이기 때문입니다.♣ 성호르몬 기능에 영향을 주기 때문에 건강 뿐 아니라 생식능력을 감소시키고, 기형과 암을 발생시킵니다. 더 무서운 것은 산모의 몸에 들어온 환경호르몬은 태아에게 전해져서 불임이나 성기능 장애가 있는 아기로 태어나게 합니다.

환경호르몬은 합성세제나 농약, 플라스틱 첨가물질 등 여러 가지가 있고, 그 종류도 약 100여 종이나 됩니다. 환경호르몬의 피해를 줄이기 위해서 전자레인지에서 음식을 데울 때 플라스틱 그릇이나 랩 사용을 자제하고 유리 그릇이나 사기 그릇을 사용하는 것이 좋으며, 뜨거운 음식은 플라스틱 용기나 일회용 용기에 담아 먹는 것을 피해야 합니다. 일회용 잔 사용을 줄이고 개인용 컵을 가지고 다니는 것은 자원을 절약하는 모습이기도 하지만, 환경호르몬으로부터 우리의 몸을 지키는 일이기도 합니다.

과일 껍질은 벗기거나 깨끗이 씻어서 농약을 섭취하지 않도록 해야 하고, 주방세제를 많이 사용하지 말고 그릇에 묻은 세제는 깨끗이 씻어 내야 합니다. 특히 뚝배기 같은 그릇을 씻을 때에는 세제가 뚝배기 표면의 기공 속으로 스며들기 때문에 쌀뜨물 같은 것으로 씻어야 합니다. 주방 세제로 씻고

♣ **환경호르몬의 방해**
환경호르몬은 정상 호르몬처럼 행동하는 모방작용과 정상 호르몬의 역할을 빼앗아 버리는 봉쇄작용을 통해 정상적인 호르몬이 수용기와 결합하는 것을 방해하고 교란시킵니다.

나면 나중에 요리할 때 기공 속에 있던 세제가 다시 스며나와 음식에 들어가게 되기 때문입니다. 모기약과 같은 살충제도 조금만 사용하고 살충이 끝난 뒤에는 환기를 잘 해주어야 합니다. 살충제도 조금 비싸더라도 가능한 천연 살충 성분으로 만든 제품을 사용하는 것이 좋습니다.

하나님은 사람을 만드실 때, 남자와 여자로 만들어 주셔서 생육하고 번성하여 땅에 충만하게 해주셨습니다. 하지만 사람들이 만든 많은 화학물질들이 성호르몬의 체계를 교란시키고 성 기형을 유발하며 암에도 걸리게 하고 있습니다. 건강을 위해서는 화학제품을 사용하기 보다는 천연 재료로 만든 제품을 사용하는 것이 좋습니다. 하나님이 우리에게 선물로 주신 모습 그대로의 재료를 사용하고 먹는 것이 가장 안전합니다.


## 성령이 거하시는 우리의 몸

> 너희는 너희가 하나님의 성전인 것과 하나님의 성령이 너희 안에 계시는 것을 알지 못하느냐 고전 3:16

말씀과 기도의 생활을 열심히 하는 것만큼이나 성전인 우리 몸을 건강하게 잘 관리하는 것도 하나님이 기뻐하시는 일

성경 속 환경이야기

입니다. 말씀을 읽고 묵상하는 시간과 기도하는 시간을 따로 떼어 놓고 해야 하듯이 운동하는 시간도 따로 떼어 놓고 해야 합니다. 건강해야 하나님의 일도 더 잘할 수 있기 때문에 더욱 그래야 합니다.

또한 성경은 "그러므로 형제들아 내가 하나님의 모든 자비하심으로 너희를 권하노니 너희 몸을 하나님이 기뻐하시는 거룩한 '산 제물'로 드리라 이는 너희가 드릴 영적 예배니라"(롬 12:1)고 말씀하고 있습니다. 우리의 몸을 산 제물로 드린다는 것은 우리의 삶을 매일매일 드리는 예배로 사는 것을 말합니다.

우리 몸을 산 제물로 드리기 위해서도 늘 건강해야 합니다. 부모에게는 자식이 건강한 것도 효도인 것처럼, 우리가 건강한 것도 하나님을 사랑하는 모습이고, 또 건강해야 이웃도 사랑할 수 있는 것입니다. 영적인 건강뿐 아니라 육적인 건강도 매우 중요합니다. 영적인 예배뿐 아니라 전인적인 예배도 드려야 하기 때문입니다.

더 알아보기

### 발암물질

발암물질은 말 그대로 암을 발생시키는 물질입니다. 사람에게 직접적으로 암을 발생키기는 물질은 22종, 동물 실험으로 증명된 발암물질은 1500여 종이나 됩니다. 담배 연기에는 여러 가지 독성물질과 발암물질이 들어 있어서 폐암, 심장병, 소화기 궤양, 기관지염 등의 다양한 병을 일으킵니다. 가족 중에 담배를 피우는 사람이 있는 간접 흡연자에게도 폐암에 걸릴 확률이 두 배나 됩니다.

### 라돈

라돈은 천연 방사성 가스로 우라늄이 붕괴되면서 만들어진 물질입니다. 라돈은 또 붕괴되어서 입자 형태의 폴로늄을 만들어 내는데, 라돈과 폴로늄이 호흡기를 통해 폐에 들어오면 방사선인 알파선을 방출하기 때문에 폐암의 직접적인 원인이 됩니다. 지반 내의 암석과 토양으로부터 실내로 유입되거나 지하수나 실내 건축 자재로부터 방출되어 흡입할 수 있습니다. 라돈에 의한 피해는 흡연자가 비흡연자에 비해 열 배 이상 더 높은 것으로 보고되고 있습니다.

## 식품첨가물

우리나라에서 식품첨가물로 허가된 화학합성첨가제는 370여 종이나 됩니다. 그 종류도 보존료, 살균제, 산화방지제, 강화제, 유화제, 착향료, 착색료, 발색제, 표백제, 조미료, 감미료 등 다양합니다. 그 외에도 농작물 속에 남아 있는 농약이나 축산물 속에 남아 있는 성장촉진 호르몬들도 식품 속에 들어 있을 수 있습니다.

## 식품첨가물의 칵테일효과

식품첨가물로 사용하고 있는 것들은 각각 독성 시험을 거쳐서 안전성이 입증된 것들입니다. 첨가물이 두 개 이상 섞였을 때 더 큰 독성을 나타내게 되는 것을 칵테일효과라고 하는데, 식품첨가물을 허가할 때에는 이 칵테일효과를 고려하지 않고 있습니다.

## 환경호르몬

환경호르몬은 1997년 NHK 방송에서 일본학자들이 '환경성 내분비교란물질'을 쉽게 설명하기 위해 처음 사용한 말입니다. 여성호르몬 에스트로겐과 비슷하게 생겨서 성호르몬 기능을 교란시키고 여러 가지 병을 일으킵니다. 그 종류도 다양해서 플라스틱 용기와 음료수 캔, 병마개, 수도관 속의 코팅제와 치과에서 사용하는 코팅제에 들어 있는 비스페놀 A,

합성 세제에 들어 있는 알킬페놀, 컵라면 용기의 재료인 스티렌 다이머와 트리머, 폐건전지에 들어 있는 수은, 제초제와 살충제, 살균제 같은 농약류와 플라스틱에 가소제로 첨가되는 프탈레이트류, 다이옥신류 등 100여 종의 환경호르몬이 있습니다.

사람들에게는 성 기형, 유방암, 전립선암, 고환암, 불임, 정자수 감소, 기형아의 증가, 주의력 결핍과 학습장애 등의 다양한 병을 유발시킵니다. 사람들에 대한 피해뿐 아니라 동물의 세계에서도 동성끼리 짝짓기를 하여 알을 낳지 않는 청어갈매기와 암컷처럼 행동하는 수탉, 생식기에 난소가 대량 발견되고 기형 고환과 아주 적은 양의 정자 수를 가진 수컷 동물들이 발견되고 있어서 번식력이 떨어지고 개체수가 심하게 줄어드는 심각한 피해를 주고 있습니다.

### 생활 속 실천 tip

일회용품이나 플라스틱 용기 사용을 줄이고 건강을 위해서 나만의 운동법을 찾아서 꾸준히 운동합시다. 가정에서 일반적으로 사용하는 합성세제 대신 베이킹 소다나 식초, EM원액(Effectice Micro-orgamisms, 유용 미생물군)과 쌀뜨물로 발효시킨 친환경 세제를 사용합시다. 가정이나 교회에서 건강에 해로운 것들이 없는지 늘 관심을 가지고 점검합시다.

# 2
## 피조세계를 다스리라 명령하시다

요즘 뉴스에서 빠지지 않는 것이 미세먼지 소식입니다. 그 외에도 많은 환경 문제들이 하루가 멀다고 대두되고 있습니다. 지구온난화, 녹조현상, 라돈, 미세플라스틱, 바다 쓰레기 문제 등 그 종류도 너무나 다양합니다. 우리가 그동안 무관심했던 환경 문제들이 우리 생활 속 깊숙이, 피부에 직접 와 닿은 현실적인 문제가 되고 있습니다. 이것은 그만큼 하나님이 만드신 피조세계가 사람들의 무책임한 행동과 무관심으로 감당할 수 있는 임계치를 넘어섰다는 경고입니다.

전 세계적으로 친환경적인 삶이 절실하게 요구되고 있습니다. 기업들도 플라스틱 빨대나 일회용 용기 대신 종이 빨대나 유리잔을 사용하면서 친환경 방식에 앞장서고 있습니다. 이윤을 목적으로 하는 기업들조차도 이런 책임을 감당하는 것입니다.

그렇다면 하나님이 맡겨 주신 이 피조세계를 향해서 교회와 그리스도인들은 얼마나 관심을 기울이고 있습니까? 이 땅을 향한 하나님의 마음을 얼마나 헤아리려 노력합니까? 하나님이 우리에게 맡겨 주신 곳, 앞으로 계속해서 살아야 하고 공존해야 할 터전을 위해 어떤 노력을 하면서 살아가고 있는지 돌아보아야 할 때입니다.

### 땅을 정복하라는 사명의 뜻

하나님은 사람을 만드시고 사람에게 복을 주시면서 명령도 함께 주셨습니다.

> 하나님이 그들에게 복을 주시며 하나님이 그들에게 이르시되 생육하고 번성하여 땅에 충만하라, 땅을 정복하라, 바다의 물고기와 하늘의 새와 땅에 움직이는 모든 생물을 다스리라 하시니라 창 1:28

하나님이 우리에게 주신 첫 번째 명령은 "자녀를 낳아 번성하여 온 땅에 퍼지고 땅을 정복하여라. 또 바다의 물고기와 공중의 새와 땅에 사는 모든 생물을 다스리라"는 것입니다. 사람들은 이 명령대로 번성하여 온 땅에 가득히 살고 있습니다. 예수님이 살아 계셨던 당시에는 세계의 인구가 약 2~3억 명 정도였는데, 지금은 2019년 통계청 기준으로 77억 명을 넘

성경 속 환경이야기

어섰습니다. 2050년에는 세계 인구가 약 100억 명에 이를 것이라고 예상하고 있습니다.

하지만 과연 우리는 하나님의 뜻대로 피조세계를 잘 다스리고 있습니까? 몇 가지만 살펴보아도 그래 보이지 않습니다.

피조세계의 주인은 하나님이십니다. 하나님은 모든 피조물들을 사람에게 맡겨 주셨습니다. 모든 땅과 생물들을 잘 다스리라 하셨으니 청지기적인 자세로 잘 관리해야 할 책임이 우리에게 있는 것입니다.

하지만 인간의 죄성은 하나님이 맡겨 주신 피조세계를 욕심대로 다루어 왔습니다. 이것을 미국의 생물학자 가레트 하딘은 〈공유지의 비극〉이라는 제목의 논문에서 경고를 했습니다. 논문에서는 한 사례를 소개합니다. 어느 마을에 공동 목초지가 있었는데, 마을 주민들은 경쟁적으로 가축들을 몰고 나와서 방목하기 시작했습니다. 시간이 지나자 방목하는 가축의 수가 너무 많아 풀이 자라는 속도가 가축들이 풀을 뜯어 먹는 속도를 따라가지 못해 결국 그 목초지는 황폐화되고 말았다고 합니다. 만약 마을 주민들이 방목하는 가축의 수를 서로 의논해서 목초지의 상황에 맞게 잘 조정했다면 그 목초지는 주민들 곁에 여전히 남아있었을 것입니다.

문제는 지구 생태계 전체가 이 목초지와 같은 처지에 놓여 있다는 것입니다. 하늘과 땅과 물은 각종 오염으로 시름하고 있습니다. 개발도 무분별하게 이루어지고 있어서 숲과 주변 생태계를 파괴하고 망가뜨리고 있으며 황폐화와 사막화의 진행 속도가 심각해져 가고 있습니다. 지나친 낭비로 자원들은 고갈 위기에 놓여 있고, 동물과 식물은 남획과 각종 오염과 기후변화 등으로 멸종 위기에 처했습니다.

창세기 1장 28절에서 땅을 정복하고 모든 생물을 다스리라고 하신 것은 환경을 함부로 다루라는 뜻이 아닙니다. 보전하며 잘 관리하라는 것입니다. 노아 시대에 홍수가 있었을 때 노아는 모든 동물과 식물의 씨들을 방주 안으로 들여와서 잘 보전했습니다. 하지만 지금은 피조세계가 신음하고 있고 그 위협이 부메랑처럼 사람들을 향해 돌아오고 있습니다.

### 바다에 떠 있는 거대한 쓰레기 섬

최근에 화제가 되고 있는 바다 쓰레기 문제의 예만 봐도 현재 지구 생태계의 상황이 얼마나 심각한지를 잘 알 수 있습니다. 1997년 태평양에서 발견된 쓰레기 섬은 해마다 커져서 2018년 기준으로 남한 면적의 열다섯 배의 크기가 되었다고 합니다. 이 쓰레기 섬은 태평양 연안에 있는 나라들에서 버려진 쓰레기 때문에 생긴 것입니다. 문제는 여기서 끝나지 않습니다. 태평양 뿐 아니라 북대서양에서도 남한 면적의 다섯 배나 되는 쓰레기 섬이 발견돼었습니다.

태평양의 무인도들은 사람의 손길이 닿지 않기 때문에 너

성경 속 환경이야기

태평양 쓰레기 섬 GPGP

무나 아름다운 모습을 잘 간직하고 있었습니다. 그런데 그것도 이젠 옛말이 되어 버렸습니다. 무인도의 해안마다 어마어마한 양의 쓰레기가 파도에 밀려들어오고, 그 쓰레기들 때문에 새들과 동물들이 죽어서 이젠 악취로 가득한 쓰레기장이 되어 가고 있습니다.

더 큰 문제는 물고기들이 쓰레기들을 먹이인줄 알고 먹는다는 것입니다. 물고기와 고래와 새들을 잡아서 배 속을 들여다보면 해파리인 줄 알고 먹은 비닐봉지, 물고기인 줄 알고 먹은 플라스틱 조각들이 잔뜩 들어 있습니다. 이 모두가 바닷가에 놀러가거나 낚시하러 간 사람들이 무심코 버리고 온 쓰레기가 파도에 밀려서 바다로 흘러들어갔기 때문입니다.

주변 도로나 공원과 산들도 쓰레기로 늘 몸살을 앓고 있습니다.♣ 여의도 불꽃축제가 끝나고 난 뒤에 단 하루 만에 발생된 쓰레기를 처리하는 비용으로만 매년 1억5000만 원이 든다고 합니다. 사실 자기가 가지고 온 쓰레기만 잘 회수해 가

♣ 폐기물
인간의 활동에 의해 발생되고 필요 없어서 버리게 되는 것들을 말합니다. 생활 폐기물과 사업장 폐기물로 나누어서 관리합니다. 생활 폐기물들은 분리수거하여 재사용이나 재활용하며 나머지는 일반 쓰레기와 함께 소각이나 매립으로 처리합니다. 매립지의 포화현상과 소각장의 대기오염 같은 또 다른 문제가 야기되기 때문에 폐기물을 최소화하는 노력이 절실히 필요합니다.

도 이런 문제 하나 없이 주변 환경들을 얼마든지 깨끗하게 유지할 수 있는데 말입니다.♣

이런 환경 문제가 더 이상 미루어 둘 수 없는 시점까지 우리 앞에 다가와 버렸습니다. 하나님이 우리에게 주신 청지기의 사명을 기억하고 땅과 동식물들을 비롯한 모든 피조세계들을 잘 보전해야 합니다. 개발을 하더라도 환경을 함부로 다루는 개발이 아니라 생태계를 보전하며 조화롭게 개발해야 합니다. 피조세계를 청지기의 마음으로 잘 관리해서 모든 피조물과 더불어 살아가야 할 공유지의 복을 세상 끝 날까지 잘 누릴 수 있어야 합니다.

♣지렁이로 음식물 쓰레기 처리
가정에서 발생하는 음식 쓰레기는 지렁이로 분변토를 만들어서 비료로 사용할 수 있습니다. 음식 쓰레기도 없애고, 유기질 비료도 얻을 수 있으며, 냄새도 나지 않아 매우 유용합니다.

## 불편을 즐거워하는 청지기의 삶

친환경적인 모습으로 살아간다는 것은 참 불편한 일입니다. 그래서 '즐거운 불편 운동'이라고 부르기도 합니다. 아마 교회에서 일회용 컵을 사용하지 말자고 한다면 교인들은 불편해 할 것입니다. 주일만이라도 교회 올 때 승용차보다 대중교통을 이용하자고 한다면 그것도 매우 불편할 것입니다. 주일에 잠깐이지만 교회 내에서 적정한 실내 온도를 유지하자고 해도 겨울에는 춥다고, 여름에는 덥다고 무척 불편해 할 것입니다. 이런 모든 불편을 감수하며 사는 청지기적인 삶을 살기 위해서는 먼저 하나님의 마음에 공감해야 합니다.

성경 속 환경이야기

좋은 청지기가 되려면 먼저 주인의 마음을 잘 읽을 줄 알아야 합니다. 지금 피조세계를 바라보시는 하나님의 마음이 어떠하실까요? 만물을 창조하시고 보시기에 좋았다고 하셨던 하나님의 마음, 이렇게 아름다운 피조세계를 우리에게 선물로 주신 하나님의 마음은 지금 안타까움과 속상함 그 자체일 것입니다. 또 그 피해를 사람들이 고스란히 받고 있는 것을 보시면서는 참 어리석다 생각하시면서 불쌍히 여기실 것입니다.

하나님의 심정으로 우리에게 맡겨진 청지기의 사명을 잘 감당하기 위해서 우리는 기꺼이 즐거운 불편을 감수할 수 있어야 합니다. 환경을 지키기 위한 여러 가지 수칙이나 다짐들을 먼저 하는 것도 좋은 동기부여가 될 수 있습니다. 또 종이컵 안 쓰는 날, 자동차 안 타고 대중교통 이용하는 날과 같은 일시적인 캠페인을 통해서도 친환경인 청지기의 삶을 경험해 볼 수 있을 것입니다. 또 친환경적인 수련회를 기획해 보고 지역 주민들과 함께 하는 바자회를 정기적으로 여는 것도 좋은 방법이 될 것입니다. 교회에서 행사할 때 제공하는 기념품이나 시상품들도 휴대용 머그컵이나, 에코백, 장바구니와 재생 문구류 같은 친환경 제품으로 준비하는 것도 좋습니다.

이러한 친환경적인 모습으로 교회를 바꿔 가고 작은 것이라도 불편한 삶을 시도해 나간다면, 하나님이 맡겨 주신 피조세계에 대한 청지기적 사명을 잘 감당하게 되는 것뿐만 아니라 이웃에게도 본이 되어 복음 전파의 길도 열리게 될 것입니다. 또 지역사회와 선교지에서의 친환경적인 선교의 길도 열리게 되어서 선교의 전략적 확장도 기대해 볼 수 있을 것입니다.

## 버릴 것이 하나도 없는 은사와 재능

하나님은 우리에게 땅과 생물을 잘 관리하라고 하셨듯이 우리에게 맡겨 주신 재능과 은사도 잘 관리하기를 원하십니다. 하나님은 누구에게나 재능과 은사를 주셨습니다. 내가 잘하는 것이 분명히 있습니다. 그것은 하나님이 나에게 맡겨 주신 재능과 은사 때문입니다.

부목사님 중에서 운전을 잘하는 분이 계셨습니다. 목회자가 운전을 잘하면 어디에 쓰일 수 있을까요? 어느 날 담임목사님이 결혼 주례에 사정이 생겨서 늦을 상황이 되어 버렸습니다. 그때 재능을 발휘한 분이 바로 그 목사님이었습니다. 결혼 시즌이라 막히는 토요일 낮 시간 서울 시내의 도로에서 얼마나 운전을 잘했는지, 결혼식 바로 직전에 무사히 도착할 수 있었습니다. 우리가 받은 재능과 은사를 비교하지 말고, 그것으로 교만하지 않고 하나님께 먼저 감사하며 하나님과 하나님의 나라를 위해 써야 합니다.

마태복음 21장 33-46절에는 포도원 농부의 비유가 나옵

성경 속 환경이야기

니다. 포도원 주인이 농부들에게 포도원을 잘 관리하라고 맡겨 두었는데 열매를 수확할 때가 되어 주인이 열매를 받아오도록 종과 아들을 보냈지만 포도원 농부들은 그 열매를 주인에게 주지 않고 마치 자기 것인냥 욕심을 부렸습니다. 결국 그 주인은 포도원을 농부들에게서 빼앗아 버렸습니다. 우리도 하나님이 주신 재능을 내 것이라고 착각하면서 나만을 위해 사용해서는 안 됩니다. 하나님이 주신 재능과 은사로 얻은 결실을 하나님께 올려 드리며, 또 이웃에게도 나누며 살아야 합니다.

마태복음 25장 14-30절에서는 달란트의 비유가 나옵니다. 주인이 어떤 종에게는 다섯 달란트, 어떤 종에게는 두 달란트, 또 어떤 종에게는 한 달란트를 주고 멀리 갔다가 돌아와서 그들에게 얼마나 이윤을 남겼는지 보고자 했습니다. 그때 다섯 달란트 받은 종과 두 달란트 받은 종은 그것으로 장사하여 이윤을 남겨 주인에게 "착하고 충성된 종아 네가 적은 일에 충성하였으매 내가 많은 것을 네게 맡기리니 네 주인의 즐거움에 참여할지어다"(23절)라는 칭찬을 받았습니다. 하지만 한 달란트 받은 종은 그 돈을 그냥 땅에 묻어 두었다가 주인에게 가져갔고, 그는 주인에게 '악하고 게으른 종'이라고 혼이 나면서 "이 무익한 종을 바깥 어두운 데로 내쫓으라 거기서 슬피 울며 이를 갈리라"(30절)라는 심판을 받게 되었습니다.

우리도 하나님이 주신 재능으로 게으르지 않게 열심히 일하고 결실을 남겨서 하나님께 칭찬받는 사람들이 되어야 합니다. 그리고 하나님은 다섯 달란트 남긴 사람이나 두 달란트 남긴 사람에게 그 칭찬의 차별을 두지 않았습니다. 내가 받은 것을 남과 비교하지 않고 내가 가진 재능으로 최선을 다한다면 우리도 하나님께 똑같은 칭찬과 상급을 받게 될 것입니다.

하나님이 맡겨 주신 땅과 생물들을 청지기의 마음으로 잘 관리하고 다스려야 하듯이, 우리에게 맡겨 주신 재능과 은사도 잘 관리하고 사용하여서 그 결실들로 하나님을 기쁘시게 해 드리고 이 세상을 아름답게 하는 영적인 청지기들이 되어야 할 것입니다.

인구문제

세계 인구는 계속 증가하고 있습니다. 예수님 당시에는 2~3억 명 수준이었던 인구가 1804년에는 10억 명, 1927년엔 20억 명, 1974년에는 40억 명, 1999년에는 60억 명이었고, 2011년에는 70억 명을 돌파했다고 국제연합(UN)이 공식 발표한 바 있습니다. 2019년 현재에는 77억 명을 넘어섰습니다.

전 세계적으로 인구가 증가하고 있는 것은 저개발국가 때문인데 이런 저개발국가에서는 인구증가에 따른 식량 문제가 심각합니다. 반면에 개발국가에서는 고령화와 저출산 문제로 인한 인구의 불균형과 사회문제가 발생하고 있습니다.

우리나라도 65세 이상인 노인 인구가 2000년에는 7퍼센트 이상인 고령화사회에 진입했고, 2018년에는 14퍼센트 이상인 고령사회가 되었습니다. 2025년에는 노인 인구 20퍼센트 이상인 초고령화사회가 될 것이라고 예상하고 있습니다. 이것은 세계에서 유례가 없는 가장 빠른 속도이며, 2050년에는 노인인구의 비율이 37퍼센트가 넘는 세계 최고 수준이 될 것이라고 국제연합은 내다보고 있습니다.

저출산은 합계 출산율이 2.1명 이하로 지속되는 현상을 말하며, 합계 출산율 1.3명 이하를 초저출산이라고 말합니다. 우리나라는 2001년에 이미 초저출산사회에 들어섰고 OECD국가 중에서 그 하락 속도가 가장 빠릅니다. 2017년에는 1.05명이라는 최저치를 기록했습니다.

## 태평양 쓰레기 섬 GPGP

'거대한 태평양 쓰레기 더미'라는 뜻의 GPGP(Great Pacific Garbage Patch) 섬이 세상에 알려진 것은 1997년 찰스 무어라는 요트 선수가 로스앤젤레스에서 하와이까지 요트로 태평양을 횡단하다가 발견했을 때였습니다. 발견 당시에는 한반도 크기의 일곱 배 정도였지만, 해마다 그 면적이 증가해서 2018년에는 열다섯 배로 커졌습니다. 이 쓰레기 섬의 80퍼센트는 비닐과 플라스틱이며, 태평양 인접 국가들에서 강을 따라 흘러나오거나 배에서 버려진 쓰레기들이 해류를 따라 모여들고 뭉쳐져서 만들어진 것으로 밝혀졌습니다. 북대서양에서도 이런 쓰레기 섬이 발견되었고, 그 크기는 한반도 면적의 다섯 배입니다.

연구 결과에 따르면, 매년 약 1,200만 톤의 플라스틱이 바다로 흘러가고 있는데, 그 양은 1분마다 트럭 한 대 분량의 플라스틱이 바다에 버려지는 것과 같습니다. 버려진 플라스틱은 분해되지 않고 바다를 떠다니면서 쓰레기 섬을 이루거나, 세계자연유산으로 지정된 무인도 산호초 섬들을 오염시키고 있고, 그중에 70퍼센트는 가라앉아서 심해를 쓰레기장으로 만들고 있습니다. 투명 비닐을 해파리로 생각하고 삼키는 거북이들, 플라스틱 조각을 먹는 바다 새, 플라스틱 병을 물고기로 착각하고 잡아먹는 고래들이 늘어나는 등, 해양 동물들이 생명을 위협받고 있습니다.

## 지속가능한 개발

20세기 중반에 세계적으로 각종 환경 사고들이 발생하면서 국제연합 산하에 유엔환경계획기구(UNEP)를 만들어서 환경 보전을 위한 노력들을 이끌어가고 있습니다. 1987년 '도쿄 선언'에서 '지속가능한 개발'이라는 개념이 제시되었는데, 미래 세대가 필요로 하는 것들을 충분히 얻을 수 있도록 환경을 잘 보전하면서 현재 세대가 원하는 것들을 위해 충분히 개발하자는 개념입니다. 사회적인 욕구와 경제적인 욕구, 그리고 생태학적인 보전 욕구를 모두 잘 충족하기 위한 합의점이라고 볼 수 있습니다.

## 생활 속 실천 tip

교회나 가정에서 환경지킴이 선언을 하고 교회와 집 주변을 늘 깨끗하고 청결하게 하며, 쓰레기 분리수거와 재활용에 솔선수범합시다.

# 3

## 친환경적인 교회를 만들다

도시에 사는 아이들은 흙을 밟을 일이 거의 없습니다. 늘 학교와 아파트, 학원을 오가며 바쁘게 살아갑니다. 방학이라도 별로 달라질 것은 없습니다. 방학엔 방학대로 학원이나 견학을 다니기 바쁘기 때문입니다. 그런데 문제는 교회에 와도 마찬가지라는 것입니다. 교회학교 예배나 프로그램도 건물 내에서만 이루어지는 경우가 대부분이기 때문입니다.

여름에 수련회를 가도 수양관 건물 안에서 2박 3일 동인 잘 짜여진 프로그램을 진행하기에 바빠서 환경과 만나는 시간을 내기가 참 어렵습니다. 2박 3일간의 일정은 대체적으로 이렇습니다. 수련회 장소에 도착하여 드리는 여는 예배, 그리고 첫날 저녁 공동체 훈련, 둘째 날 아침 경건회, 아침 성경공부, 천로역정, 미니올림픽, 오후에 물놀이, 또 저녁 집회와 캠프파이어나 촛불집회, 마지막 날 아침 경건회와 롤링페이퍼 쓰기, 닫는 예배 등으로 진행됩니다. 어느 교회든 수련회마다

성경 속 환경이야기

이러한 일정에서 크게 벗어나지 않을 것 같습니다.

수련회를 위해서 교외로 나갔지만 환경 속에서 이루어지는 프로그램은 거의 없습니다. 2박 3일 동안 뭔가 열심히 하다가 와야 좋은 수련회라고 생각합니다. 그래서 더더욱 환경 속에서 쉼을 누리다가 오는 것은 마치 준비되지 않은 수련회처럼 생각하는 것 같습니다. 하지만 피조세계와 함께 하는 시간은 결코 시간을 낭비하는 것이 아닙니다.

## 생태환경 속 수련회의 모습들

높은뜻숭의교회에서 목회하던 시절, '친해짐'을 주제 삼아 '전교인 여름 수련회'를 진행한 적이 있었습니다. 하나님과 친해지고 교인들과 친해지자는 의미였습니다. 그 기간 동안 함께 진행되었던 교회학교 수련회에는 '자연과 친해짐'이라는 주제를 하나 더 덧붙였습니다. 교회학교 아이들에게 하나님과 더 가까워지는 시간과 함께 평소에는 주일에만 만나던 친구들과 더 친해질 수 있는 프로그램을 환경과 친해지는 활동을 통해서 할 수 있게 기획했던 것이었습니다.

저는 여러 교회에서 이런 친환경 여름 수련회를 준비해서 그때만이라도 아이들이 하나님이 만드신 피조세계를 만끽할 수 있도록 기회를 주면 어떨까 생각해 봅니다. 교회학교의 여름 수련회를 친환경적인 생태 수련회로 준비한다면, 첫 날은 하나님의 창조 세계를 맛보고 감사하는 날, 둘째 날은 환경오염을 알고 안타까워하는 날, 셋째 날은 환경지킴이로서 환경을 보호하는 '녹색 선교사'로 다짐하는 날로 정하고, 이와 관련된 예배와 성경 공부, 그리고 각종 생태체험과 공동체 활동들을 진행한다면 멋진 생태 수련회가 되지 않을까 생각해 봅니다.

또 수련회 기간 동안에는 환경 보호하기, 분리수거하기, 에너지 절약하기, 음식 남기지 않기, 탄산음료 마시지 않기, 물과 친환경 음식과 유기농 과일만 먹기 등의 친환경적인 수련회의 수칙을 아이들과 부서원들이 스스로 만들어서 지켜보게 하면 더 좋을 것입니다. 주제가 '환경'인 생태 수련회가 아니더라도, 수련회 기간 동안에 반나절 정도만 할애를 하더라도 얼마든지 유기농 농가를 견학하여 야채나 과일의 수확을 직접 경험해 볼 수 있고, 갯벌 체험을 통해 조개잡이도 할 수 있고, 숲이나 개울가에서 아침 묵상도 할 수 있습니다.

시골 교회들과 연계하여 여름 수련회를 진행하는 것도 참 좋습니다. 시골 교회에서 숙박과 집회를 하면서 그 지역의 주민들과 함께 식사하고, 밤엔 교회 마당에서 함께 수박도 나눠 먹는 농촌 체험의 시간도 가질 수 있을 것입니다. 농촌, 산촌, 어촌, 섬의 교회와 연계한 수련회는 새로운 형태의 생태 수련회가 될 수 있습니다.

수양관을 지을 때 친환경적으로 짓는 것은 어떨까요? 낮

성경 속 환경이야기

은 예배당 건물과 오두막 같은 숙소들로 구성된 수양관을 지어 여름 수련회 장소로 사용하는 것도 참 좋을 것입니다. 목조건물이나 황토건물, 나무들로 둘러싸인 야외 예배 처소와 소그룹 장소, 기도 처소, 묵상하며 걸을 수 있는 묵상 산책로, 숲 속이나 개울가에서 하나님의 말씀과 신앙 서적을 읽을 수 있는 야외 의자와 테이블 등이 있는 생태 수양관들이 많아지면 얼마나 좋을까요? 그런 수양관은 교인들이 평소에도 주말에 가족 단위나 구역 단위로 다녀올 수 있는 생태 영성의 공간이 될 수 있을 것입니다.

이젠 여름 수련회도 통상적으로 진행되는 행사가 아니라 하나님이 만들어 주신 아름다운 생태 환경 속에서 하나님을 더욱 깊이 만나고, 교인들과 교회학교 친구들, 그리고 피조세계와도 더욱 친밀해지는 특별한 수련회가 될 수 있을 것입니다.

### 환경 선교는 선교의 새로운 패러다임입니다

2007년 12월 7일 태안 앞바다에서 유조선 '헤베이 스피릿호'가 해상 크레인과 충돌해서 원유 12,547킬로리터가 유출되는 해양오염 사고가 발생하였습니다. 이것은 국가적인 대형 환경오염 사고였습니다. 전 국민이 '태안 살리기 운동'에 참여하여 봉사한 결과 세계적으로도 유례가 없을 정도의 빠른 회복을 거두었습니다. 기름제거제와 같은 화학약품을 사용하기보다는 수많은 봉사자들이 직접 손으로 기름을 다 닦아 내었기 때문이었습니다.

높은뜻숭의교회에서도 몇 차례 자원봉사를 다녀왔습니다. 수많은 봉사자들이 바위에 묻은 검은 기름은 닦아 내었지만 태안 주민들의 가슴에 묻은 검은 상처들을 닦아 주지는 못했습니다. 그래서 청년부에서는 그 이듬해인 2008년 여름에 '태안 원정대'라는 단기선교팀을 구성하여 여름 봉사사역을 했는데, 그 목적은 바위에 묻은 기름을 제거하는 것이 아니라 오염사고를 통해 상처받고 삶의 의욕을 잃어버린 태안 주민들을 위로하고 회복하는 것을 돕기 위한 것이었습니다.

주민들의 집에 도배를 해주고 방충망도 달아 주었고, 동네에 벽화도 그려서 마을을 아름답게 꾸며 주었습니다. 마을에 방역작업도 하고, 주민들의 이발도 해드렸으며, 아이들을 데리고 여름성경학교도 진행했습니다. 식사는 그 지역의 식당에서 사먹어서 지역 경제에 조금이나마 보탬이 되게 하려는 노력도 했습니다. 많은 환경 개선의 성과도 거두었지만 그것보다 더 큰 성과는 절망으로 얼룩진 그들의 마음이 조금이나마 위로받고 환해져 웃음을 되찾았다는 데 있었습니다.

이것은 환경 단기선교의 한 예일 뿐입니다. 이제 농번기의 농사를 돕고, 여름성경학교를 하는 것에 더해서 그 지역의 환경을 개선해 주고 오염된 환경을 회복시켜 주는 단기선교를

성경 속 환경이야기

한다면 그 나라와 지역 주민들에게 환영받는 환경 선교가 될 수 있을 것입니다.

높은뜻정의교회에서는 몽골 고비사막의 한 마을로부터 공동화장실을 지어달라는 요청을 받고 선교비로 마을 공동화장실을 지어 주었습니다. 이러한 일도 선교활동이라고 말할 수 있을까요? 사실 그렇게 해서 호감을 얻게 된 선교부는 이후에 그 마을로부터 땅을 얻어서 교회도 건축하는 선교적 성과까지 거둘 수 있었습니다.

의료선교가 많은 역할을 하고 성과도 많이 올리고 있는 것처럼 환경 선교도 많은 결실을 맺을 수 있습니다. 환경 선교는 선교의 새로운 패러다임이 될 수 있습니다. 몽골 사막에 나무 심어 주기, 식수가 부족한 곳에 지하수 개발해 주기, 오염된 환경을 복원해 주고 생활환경을 개선해 주기 등 다양한 환경 선교의 아이템들을 개발하여 새로운 선교의 장을 열어갈 수 있을 것입니다.

## 모든 교회는 친환경적이어야 합니다

친환경적인 역할은 하나님이 명령하신 피조세계에 대한 다스림의 사명 때문에 당연히 해야 하는 교회의 모습입니다. 그렇기 때문에 모든 교회는 친환경적이어야 합니다. 그리고 모든 교회의 활동에는 친환경적인 요소를 늘 고려해야 합니다.

교회를 건축할 때부터 마당을 정원으로 푸르게 꾸며서 동네 주민들도 이용할 수 있는 공원처럼 꾸민다든지, 교회의 옥상에 정원을 설치해서 교회 내 친환경 생태 공간을 만들면 그 나무들로 인한 지구온난화 가스인 이산화탄소의 흡수와 건물의 냉난방 효율을 높여 주어서 에너지 절약의 실천도 할 수 있고, 교인들의 휴식과 교제의 공간이 될 수도 있습니다.

교회에서 사용하는 전기와 물과 에너지는 잘 절약하고 있는지, 쓰레기 분리수거는 잘 되고 있는지, 일회용품의 사용은 자제하고 있는지, 헌금봉투나 주보와 각종 인쇄물들은 재생용지를 사용하고 있는지 등 교회 내의 친환경적인 모습들을 늘 점검하고 검토할 때 교회는 친환경적인 모습으로 조금씩 개선되어 갈 것입니다.

교회에서 가장 심각한 문제 중 하나가 바로 일회용 종이컵 사용입니다. 가능한 개인 컵을 사용하는 것을 권장하거나 교회의 로고와 개인의 이름이 새겨신 컵을 만들어 교회에 비치해 두고 사용하는 것은 어떨까요? 물론 불편함은 있겠지만 이러한 불편함을 오히려 교회의 자랑으로 삼으면 더 좋을 것입니다. 각종 친환경 제품, 휴대용 개인 컵, 머그컵, 장바구니, 분리수거함 등을 만들어 교인들에게 각종 기념품으로 나누어 주거나 판매함으로써 환경보호에 교인들을 참여하게 할 뿐 아니라 그 수익금으로 환경 선교 사업에도 활용할 수 있습니다.

성경 속 환경이야기

재생용지로 노트를 만들어 전도용으로 나누어 주거나, 폐식용유를 수거하여 만든 친환경 비누를 이웃들에게 나누어 주고, 교인들이 쓰지 않는 생필품이나 옷들을 저렴하게 판매하는 바자회를 정기적으로 연다면 그날만큼은 교회 마당이 지역주민들로 붐비게 될 것입니다. 교회의 한쪽 공간을 재활용품을 판매하는 매장으로 운영하거나 업사이클링 소품 공예교실 등을 개설하는 것도 좋을 것이고, 공정무역 커피를 파는 카페를 운영하는 것도 좋을 것입니다.

　교회가 가지고 있는 시설자원과 인적자원들을 잘 이용한다면 다양한 친환경적인 활동을 할 수 있을 것이고, 지역주민과의 교류도 더욱 활발해 질 수 있을 것입니다. 이 외에도 교회가 할 수 있는 친환경적인 사역들은 무수히 많습니다. 이러한 작은 노력들은 교회가 피조세계에 대한 청지기적 사명을 감당하는 길인 동시에 세상 사람들에게 의식 있는 친환경적 이미지도 심어 주는 계기가 될 것입니다. 또한 지역사회와 세계선교의 좋은 기회도 마련해 줄 것입니다.

　이 땅의 모든 교회가 친환경적인 교회가 되고, 모든 교인들이 환경 친화적인 교인으로 청지기의 사명을 잘 감당해서, 그 혜택을 우리가 누릴 뿐 아니라 이 땅과 온 세계와 모든 세상 사람들에게 흘려보내는 아름다운 환경의 복의 통로가 다 되기를 소망합니다.

## 더 알아보기

### 친환경적인 교회 건축

교회의 건물과 기도원이나 수양관을 건축할 때 주변 생태계와 잘 어울릴 수 있는 건물과 시설들을 지어서 야생동물과 식물들을 보호하고 그들의 아름다움을 느낄 수 있도록 하면 어떨까요? 그러면 교회 정원, 오두막 숙소, 묵상 산책로, 개울가 야외 테이블 같은 작은 시설들이 하나님의 창조의 기쁨을 누리게 하는 생태적 공간이 될 수 있을 것입니다.

### 생활 속 실천 tip

교회 내 종이컵 대신 개인 컵 사용, 교회학교 친환경 간식, 친환경 시상품이나 기념품, 쓰레기 분리수거 등 다양한 친환경 활동을 권장하고, 친환경 교회, 친환경 교회학교, 친환경 수련회를 지속적으로 발전시켜 나갑시다. 친환경 활동을 위한 예산도 편성하고 지역사회와 함께하는 활동도 늘려 갑시다.